Le voyage intranquille

La collection *Monde en cours*
est dirigée par Jean Viard

www.editionsdelaube.com

ISBN 978-2-8159-5472-3

Marc Hatzfeld
Mireille Destandau

Le voyage intranquille

Accompagner la fin de la vie

éditions de l'aube

À Guy Leverve

« Nous qui mourrons peut-être un jour
disons l'homme immortel au foyer de l'instant. »

SAINT-JOHN PERSE

Introduction

Entre doutes et douleurs, il arrive que le dernier parcours de l'existence soit brinquebalé par un sentiment d'urgence inconnu jusqu'alors, sentiment auquel se mêlent des surprises que l'on ne sait ni comment saisir ni même comment nommer. C'est un voyage intranquille. Ce que nous suggérons au lecteur d'observer dans ce livre est le retour d'une attention affectueuse et respectueuse pour les humains au cours de cette traversée. Ce penchant vers l'amitié – le respect et la joie de l'instant – nous semble contenir des promesses nouvelles pour la médecine et pour la fin de la vie et, de ce fait, porteur d'une inflexion culturelle significative.

Les cultures contemporaines technicisées et urbanisées perdent à la fois leur bon sens et leur sensibilité dans le rapport des humains à la mort. Les mots de la mort se sont éclipsés sur la pointe des pieds tandis que les rituels de deuil se font toujours plus brefs, indigents et secrets. Les moments de mourir sont immergés dans des appareillages techniques qui privent les mourants de leur intimité et les proches de leurs émotions. Même les croyances concernant des au-delà divers tendent à disparaître des narrations ordinaires. Cependant les vivants continuent de mourir comme si de rien n'était, le passage de la vie à la mort est notre condition imparable. La mort se rappelle à la mémoire des vivants qui avaient cru pouvoir se passer de la considérer. Peut-être avaient-ils même espéré confier à la science ou à l'institution hospitalière le soin de s'en occuper.

À force d'ignorer la mort, c'est elle qui se rappelle à cette humanité globale menacée par ses excès et ses turpitudes. Entre autres signes, les guerres, la menace d'une extinction de masse, les bouleversements du vivant et autres surprises à venir nous ramènent à cette fragilité. Il semble qu'ils se reprennent, les humains d'aujourd'hui, il est même possible qu'ils cherchent à apprivoiser la mort d'une façon nouvelle. La vie reprend du sens à mesure qu'elle admet de comprendre la mort et de la regarder. Des humains vivants s'intéressent à ceux qui vont mourir et tentent d'engager avec eux une conversation sur ce qui leur arrive et ce qui nous arrive. Accompagnant les humains qui s'approchent de la mort, ils font surgir aux yeux des autres ce moment qu'est la vie juste avant le trépas, le bout du rouleau, tendu entre les mystères qu'il recèle et son caractère inéluctable.

Deux facteurs contribuent à expliquer cette conscience retrouvée. Le premier s'origine dans la tension entre forces de destruction et forces de résistance, l'inclination à abuser des autres et celle d'en prendre soin. Face aux forces de destruction à l'œuvre dans l'écrasement du vivant, la maladie ou la violence suprémaciste, nous nous intéressons ici aux qualités mises en œuvre par le soin, incluses dans ce que Ricœur appelait « le souci de l'autre ». Selon les contextes et les enjeux, ce souci prend des inflexions différentes. Parmi quelques principes inaltérables, il invoque la solidarité, la dignité, le respect, l'amitié, l'interdépendance. Le souci de l'autre concerne les étrangers, les femmes, les handicapés, les êtres différents, les espèces menacées. Et, pour ce qui nous concerne ici, l'accompagnement des humains sur le seuil de la mort.

Du fait de son caractère accidentel, le second facteur que voici est plus aisé à repérer. L'allongement de la durée moyenne de vie que la politique, la médecine et la recherche nous ont offert au cours du XXe siècle repousse les existences jusqu'à leur extrême limite. Certaines s'échouent, sujettes aux douleurs et aux doutes, sur des parcours aléatoires. Il a fallu réveiller dare-dare une pratique sociale susceptible de prendre en charge cette fin de parcours. Il s'agit de l'accompagnement, défini par des soins très ajustés et traversé de questions éthiques brûlantes.

Cette pratique revisitée a renoncé à soigner avec l'objectif de guérir. Il s'agit d'une évidence en ce qui concerne la fin annoncée du parcours. Mais le renoncement est aussi le déplacement d'un idéal de l'art médical. Cette pratique soigne surtout pour apaiser les souffrances afin de proposer aux patients un dernier moment honorant leur condition de vivants. Elle ne se réduit pas à des soins terminaux. On peut à gros traits en énoncer les principaux repères : la volonté éclairée du malade, le traitement de la douleur au plus près, la dimension affective du soin, la réinvention de la dignité, la joie d'être vivant. C'est une pratique palliative. Le palliatif vient du *pallium*, l'antique manteau romain qui protège et réconforte tout à la fois. Le sens que nous attribuons à palliatif comprend cette attitude de la médecine faite de délicatesse, de respect, d'amitié qui a toujours été la préoccupation des acteurs du soin, préoccupation souvent maltraitée par les conditions institutionnelles. Les soins palliatifs naissent de cette attitude. Apparus en Grande-Bretagne dans les années 1960, ils renouent avec les fondements hospitaliers de la charité sortis du concile de Nicée (325 ap. J.-C.) tout en se distanciant de leurs origines.

Tous les centres, départements, unités de soins palliatifs ne procèdent pas de la même façon. Avec des styles divers, ces équipes sont cependant fondées sur des principes identiques et des valeurs communes. Elles réinventent des communautés solidaires qui se prolongent dans le tissu social par le soutien aux soins à domicile, par l'implication des familles et des voisins amicaux. Il nous a tenu à cœur d'interroger ce que cette attitude réinventée en médecine apporte à la pratique médicale ordinaire, celle qui s'adresse à tous les malades, quels que soient les maux, les moyens et le temps restant à vivre. Cela est une première question que nous nous proposons non de résoudre mais de poser. Elle en introduit une autre, plus ample, qui touche à la relation des humains à la mort.

Il nous est apparu que ces soins révélaient un visage réconfortant des cultures qui s'en sont emparées. Dans notre époque tendue entre la toute-puissance des marchés financiers, le totalitarisme identitaire et le fantasme d'une vitalité libre, ce regard de la médecine entrouvre un rai de lumière. Ce rai de lumière prend la forme d'une question : que signifie, dans une société déboussolée, de prendre soin sans trop compter de malades graves pour des temps brefs ? Dit autrement, de même que l'hospitalité pour les demandeurs d'asile menacés ou l'insistance à accorder les mêmes droits aux femmes et aux hommes révèlent (ou pas) un trait remarquable des sociétés qui se les approprient, l'invention d'une dignité du bout du rouleau suggère des qualités civilisationnelles chères aux humains. La façon d'aborder ce moment est un miroir dans lequel chaque culture et chaque humain peuvent se regarder.

L'attention (ou le mépris) portée aux autres fait apparaître des signes qui abondent, ou pas, la fierté, l'intelligence, la générosité ou l'humour d'une nation ou d'un groupe social. Il nous intéresse de porter à la lumière du jour l'attention discrète accordée aux personnes qui s'approchent de la mort. Ce travail de reconnaissance n'est ni neuf ni acquis une fois pour toutes, mais il aiguise la conscience. En se centrant sur le malade plus que sur la maladie, en réveillant l'autre dans chacun, en introduisant le temps long dans l'urgence extrême, la médecine palliative tend à restituer certains immémoriaux de la médecine comme du regard ordinaire. Ces soins sont un trait minuscule de la médecine contemporaine qui en dit long sur les cultures qui en tentent la pratique.

Telle qu'elle s'est développée dans les pays industriels riches, la médecine a récemment pris deux tours qui en altèrent les modalités d'exercice et en infléchissent le sens. Le premier, qui détermine les autres, est celui d'une progression extraordinaire dans l'efficacité des moyens qu'elle déploie. Ce que l'on appelle les progrès de la médecine est ébouriffant. Lesdits progrès sont aussi scientifiques que philosophiques dans un univers où les deux se mêlent étroitement. Des instruments de grande précision et d'une efficacité puissante pénètrent les corps, les observent, les prélèvent, les aident, les prolongent, les assistent. D'autres permettent de comprendre ce qu'il s'y passe, de regarder, mesurer, analyser. Des compositions chimiques s'inventent tous les jours afin de modifier des équilibres vacillants ou rompus, soulager la douleur, soutenir des fonctions vitales. Un appareil de vigilance éthique s'outille de références et de concepts, se précise, s'empare de nouveaux sujets, pénètre les pratiques. Les études de médecine, rigoureuses, érudites, mêlant recherche et tours de main, raisonnements et intuition, collectif et comparatif, occupent près du cinquième de l'existence adulte de ceux qui s'y adonnent.

Ainsi, le coût du développement de la médecine contemporaine va croissant. Les politiques de santé publique se sont lancées sans soucis de butée financière. Les pays riches se sont investis dans des courses à l'éradication de maladies tenues pour incurables, dans une frénésie pour faire plus vite et plus sûr. Les pays européens et nord-américains mais aussi, de plus en plus, d'autres nations du monde ont fait passer les coûts de la transformation formidable qui s'ensuivait depuis les solidarités familiales ou de voisinage vers des solidarités nationales généreuses mais dispendieuses. Ce coût ne cesse de grimper, d'autant que la demande a suscité des opérateurs nouveaux, davantage gourmands en profits. C'est une seconde source de transformation de la médecine.

La médecine palliative est précipitée sur ce tapis vert de la roulette médicale. Bien que représentant une part infime des dépenses de santé, elle est soumise aux pressions contradictoires du soin et de la finance. Elle résiste bon an mal an aux injonctions rentabilistes. C'est en cela aussi qu'elle est une possibilité régénératrice de la médecine classique.

Ce livre croise deux modes d'observation de la vie juste avant la mort. Mireille Destandau fait partie de l'équipe des fondateurs de la Maison de Gardanne. Elle y a exercé pendant vingt-cinq ans le métier de psychologue dans une équipe de soins palliatifs. Elle a mis au point ses propres méthodes, dans une équipe qui s'inventait au quotidien et elle a traduit son engagement et son métier dans la langue de tous les jours. Marc Hatzfeld a rencontré la même Maison à l'occasion de l'adieu à un ami et y a consacré plus d'une année et demie d'observation sous forme d'immersions répétées sur place. Il a côtoyé beaucoup d'acteurs de la Maison de Gardanne à des titres divers, a conversé avec eux, a noté ces conversations et a examiné leur façon de travailler.

Mireille Destandau a retiré de son expérience clinique des portraits, des scènes, des événements singuliers qui font ressortir les émotions, les relations vives, les interrogations précises, les enjeux, les douleurs et les joies dans l'instant de la vie juste avant la mort. Marc Hatzfeld a traversé un moment ce lieu avec la naïveté attentive de l'anthropologue en terre inconnue pour en livrer des questions thématiques qui ne prétendent pas épuiser le champ, mais le couvrir au plus près. Ensemble, ils ont choisi de présenter leurs observations non pas sous la forme d'une démonstration, mais sous celle d'une traversée, brossant au passage des tableaux inégaux, singuliers, parfois subjectifs, souvent plus interrogatifs que probants. Les tableaux sont différents selon les auteurs et les situations. Ils se complètent, les uns plus sensibles, les autres davantage descriptifs ou explicatifs. Ils se croisent. Ils se renvoient parfois l'un à l'autre. Ils permettent qu'on feuillette ce livre au gré des affinités.

Le lieu de l'observation principal sur lequel s'appuie ce texte est cette Maison de Gardanne, centre de soins palliatifs créé par un collectif dans le cadre de la lutte contre le sida dans les années 1990 et dirigée depuis lors par Jean-Marc La Piana, médecin généraliste de formation, figure engagée du soin palliatif. Notre propos n'est certes pas de modéliser la pratique qui s'y déploie. Il nous est cependant apparu que l'expérience de cet établissement posait des questions vives et courageuses relatives à l'accompagnement des personnes en fin de vie et apportait des réponses originales, joyeuses, surprenantes, souvent efficaces, toujours respectueuses et même, parfois, dignes d'inspiration.

I

Une affaire qui nous concerne tous

Au-delà d'une commune implication dans notre propre mort, nous sommes tous concernés par la perspective d'accompagner un jour ou l'autre un proche. Parmi les questions qui peuvent nous habiter dans cette expérience, en voici quelques-unes qui ouvriront cette perspective. Que veut dire mourir dans nos représentations collectives et peut-on être sujet de sa propre mort ? Peut-on rester désirant jusqu'à la fin ? Qu'apporte le désir à cet instant ou, à l'inverse, comment se délivrer de la tension du désir ? Ou même comment se saisir du temps qui reste comme on le ferait d'un joli fruit mûr ? Qu'est-ce qui disparaît et quelles traces subsistent de chacun une fois mort ? Qu'attendons-nous des derniers mots dits ou à dire et que disent ceux qui sont si près du seuil ? Peut-on, finalement, se préparer à sa propre mort ?

L'oubli
ou
Poussière et cendre

Aussi nette semble-t-elle se présenter, la frontière entre vie et mort varie selon les cultures, les personnes, les causes de la mort, l'âge du mourant et bien d'autres caprices des vents de saisons. En ce qui concerne les prolongements de la vie dans ce qui ressemble à son abandon, les humains se sont déchaînés en trouvailles et aventures qui peuvent être rassurantes ou inquiétantes, mais toujours pittoresques. Trois grandes familles officielles de pratiques ou croyances se concurrencent ainsi selon les écoles : celles qui suggèrent un espace féerique après la mort, celles qui imaginent la possibilité d'une renaissance dans un autre corps et celles qui envisagent que les morts continuent d'intervenir dans la société des vivants. Il s'en trouve certainement bien d'autres que nous ne savons voir. Ces inventions merveilleuses qui ne sont pas exclusives les unes des autres offrent à voir des catégories passagères et volatiles. Elles cadrent les humains dans des rôles et des espoirs, des menaces ou des promesses dont l'issue mêle une poésie colorée de l'existence, des arguments de bienséance morale et des émotions entre exaltation et folie. Il en reste que la ligne qui pourrait distinguer la vie de la mort est incertaine.

Même en ses moments tranquilles, la science médicale dispute de cette ligne qui rebat les cartes des rôles, des gestes et des droits. Clercs, juges et notaires revendiquent eux aussi d'avoir leur mot à dire sur cette frontière qui les nourrit. Philosophes et poètes font scintiller sous nos paupières ces zones incertaines. Sans parler des petits arrangements des gens ordinaires avec un cap difficile à franchir. Plus on approche ce qui n'est jamais une frontière étanche, plus les enchevêtrements du vivant et de l'inerte se partagent entre quelques techniques de gestion et de belles histoires.

La zone postérieure à la frontière entre vie et mort est plus manifeste et plus opaque encore que celle qui la précède. On y voit un corps se décomposer, changer de couleur de minute en minute et signaler ainsi que quelque chose d'irréversible vient de se produire. Il s'agit donc de passer le relais en quelque sorte ; de se demander à partir de quand ou de quoi, la personne qui était jusqu'alors avec nous dans le monde des vivants est entrée dans un autre monde. À moins qu'elle ne soit définitivement, en tant que personne, sortie du monde. Il peut s'agir aussi de garder le contact avec celui ou celle qui semble avoir disparu. Nous ne disposons d'aucun indice autre que fantaisiste nous permettant de nommer ces mondes ou de baliser le chemin. Nous entrons dans le domaine des légendes religieuses où l'on retrouve des philosophies de l'existence, des rituels, des symboles qui sont le reflet d'imaginaires tenaces. S'il est raisonnable de penser que *Sapiens* se distingue d'autres humanités par son inclination aux histoires et son talent de conteur, il suffit pour en évaluer la portée d'interroger les narrations qu'il a envoyées à travers les millénaires, pour jouir du génie inventif des humains et de leur redoutable créativité dans les évocations d'une existence postérieure à la mort.

Pour l'instant, contentons-nous de constater que, sur le parcours qui part de l'immobilité devenue rigide du corps, il arrive à certaines pratiques rituelles d'inventer des techniques précises et comme fondées sur de véritables manuels, permettant de tenir tête à la mort. Les grandes narrations fédératrices, paradis, anges, résurrections, renaissances et libérations diverses n'ont pas dit leur dernier mot. C'est que, nous autres, pauvres vivants rivés à l'espace minuscule d'entre terre et ciel, rêvons d'éternité. Et que, faute du moindre indice de ce qui se passe de l'autre côté, nous en sommes réduits à des conjectures qui se parent de merveilleux pour nous épargner la désespérance de l'absurde. Dès que l'on sort des affaires d'héritage, la mémoire fait vivre les morts longtemps après la putréfaction de leur corps. On conserve sur la cheminée les images de ceux dont la couleur sépia dit le temps qui s'est déjà enfui. Ou bien on assure, dans les cimetières, que l'on n'oubliera jamais ce fils, ce frère, cet amant ou ce collègue, témoins silencieux de notre existence. On invoque la pensée d'un malin ou d'un sage envolés pour se donner des raisons d'agir d'une sorte ou d'une autre. On donne à un bébé le nom d'un proche disparu dont on cherche à ragaillardir la notoriété. On lit des biographies inspiratrices ou l'on invente des personnages romanesques derrière des salopards attestés. On tend surtout l'oreille aux disparus encore présents, aux ancêtres de bon rang, aux aînés qui nous inspiraient jadis et nous inspirent encore.

Le for secret de chacun est rempli de ces galeries d'images, de dates et d'anecdotes édifiantes. On se nourrit de la mémoire des autres comme on tente déjà de se rappeler à nos survivants à venir. Afin de faire face à la tristesse insondable de la mort des autres, on maintient en vie ces derniers dans un mouvement qui épouse tour à tour celui de la pulsion affective, de la tradition, de l'identité et de la désinvolture.

Les humains urbanisés ont peu de repères à propos de la conscience de mort chez d'autres vivants, animaux ou végétaux, gigantesques ou minuscules. Cette conscience serait-elle une bizarrerie humaine de plus ? Ce n'est pas sûr. Les larmes du cerf soudain pétrifié, entouré de la meute muette des chiens à l'issue d'une chasse à courre qui a duré la journée. L'obstination des hirondelles à reprendre vers l'Afrique la migration qui a fait disparaître la moitié d'entre elles dans les vents des sables ou les fureurs de la mer lors de la dernière traversée. Les rondes rituelles ponctuées de petits cris émis par les rats autour d'un des leurs pris au piège. Les effrayants charniers laissés dans le poulailler effracté par les renards comme signes de colère ou de désespoir. Les chasseurs et les paysans connaissent souvent cette conscience de la mort dans des comportements animaux. La mort est omniprésente, dans les attitudes des vivants, leurs émotions, leurs histoires, leurs projets, leurs doutes et leur rapport au temps. Elle les aide à se définir et à se régénérer, à s'effacer lorsqu'il le faut. Elle emporte aussi ce que nous sommes.

« On est étonné de ce que quelqu'un à qui on a donné des soins la veille est mort. Et c'est bien de se le rappeler parce qu'on a tendance parfois à l'oublier. Et c'est bien de l'oublier parce que c'est la personne vivante qui nous intéresse. » Ces propos d'un infirmier attestant de la nécessité de l'oubli reposent sur la célébration de la vie dans l'accompagnement. C'est que la mort tient presque entière dans l'oubli. Elle est l'un des points de départ du chemin vers l'oubli, c'est aussi avec cela qu'il convient de cheminer ensemble. Tout ce qui concourt à l'oubli contribue à la mort. Là où la vie s'est arrêtée, l'oubli prend sa place. L'oubli dont les vieux sont doublement victimes par les flottements de leur propre mémoire et l'effacement précoce de leurs traces est une façon de pénétrer la mort sur la pointe des pieds. Les patients en fin de trajet se savent confrontés à l'oubli. Poussière et cendre. Il n'est cependant pas si facile de céder à l'oubli.

Les morts récents, ou parfois pas si récents, viennent converser avec les vivants, les tourmenter de leurs souvenirs, les conseiller dans leurs doutes, les charmer encore une fois ou les consoler. C'est la part de la mémoire. Mais l'effacement des anciens devant des vivants chargés d'optimisme est nécessaire à la pure joie d'être vivant. C'est la part de l'oubli. Il reste que ce qu'accompagnent les soignants, les familles, les amis et les retours du printemps, c'est ce conflit délicieux et douloureux entre la mémoire et l'oubli.

Cet après-midi, je rencontre Fred avec qui la coordinatrice de son unité m'a aménagé l'occasion d'une conversation. Je ne sais de lui que le cancer qui le ronge de plusieurs côtés ; et qu'il veut me rencontrer. Dès mon entrée dans la chambre, Fred me découvre un esprit enjoué, aimable, mais pressé d'une urgence dont je ne mesure pas encore le sens. Dès nos présentations achevées, il me déclare qu'il n'a pas peur de la mort, qu'il est juste inquiet de souffrir. Il ajoute qu'il est bouddhiste, ce qui déclenche chez moi une curiosité prudente. Ma prudence s'apaise à ses premiers mots, car je comprends que le bouddhisme habite vraiment Fred. De toute façon, si Fred est accueillant, il semble n'avoir guère le temps de m'accorder la civilité d'une rencontre fortuite. Il veut parler. Il n'est pas fanfaron, il ne semble pas soucieux de reconnaissance. Mais il a tant à dire !

Il rassemble à mon intention des fragments de son identité éclatée. Il raconte sa première rencontre avec les autochtones d'Amérique du Nord, les Indiens des réserves états-uniennes qu'il a voulu connaître chez eux. Puis il est parti vers le sud du continent, en Bolivie, y croiser d'autres indigènes du même continent américain. Il dérive de là vers l'Asie du Sud afin d'y découvrir les Hmong de Thaïlande. Il déplie un long voyage de hippy déluré et allumé. Pour cela, il raccroche sur la pratique du bouddhisme et le message philosophique qu'il en retient. Vient le cours cahoteux d'une carrière professionnelle engagée à lui laisser le temps de vadrouiller. Puis il s'est marié, a eu deux enfants, a vécu une bonne vie de famille. Il ne manque pas de me dire la fierté qu'il a de sa fille passée d'hôtesse de l'air à pilote de ligne. Il bifurque vers l'hospitalité qu'il offre depuis quelques années à un jeune protégé africain. C'est vers cette époque que sont arrivés les signes de la longue maladie. Entre-temps les choses se compliquent avec le protégé d'Afrique. La maladie obscurcit d'autres souffrances. Mais Fred continue. Il m'explique comment le bouddhisme lui a délivré le langage qui lui convient face à la mort. Il termine cette heure de narration de lui-même en me signalant son projet de s'installer à Belfort. Je crois qu'il s'est vraiment adressé à moi, abstrait visiteur de passage, mais qu'il avait aussi l'intense besoin de voir son existence se dérouler dans ses mots, comme pour mieux comprendre qui il avait été ou se souvenir de lui-même, infime perle dans l'océan, avant de disparaître pour de bon.

L'une des tristesses qu'apporte l'imminence de la mort tient au gâchis que provoque l'oubli. Les humains se prétendent faits de chair et d'esprit mais, au ras de la mort, se découvrent matière de mémoire. Ils sont constitués de leur propre mémoire. S'ils se distinguent les uns des autres par leur apparence corporelle et psychique, ils fondent cette distinction sur leur mémoire. Leur mémoire est un assemblage de désirs restés vifs, de peurs honteuses, d'espoirs encore chauds, de satisfactions indicibles, de victoires invisibles, d'expériences indéchiffrables, de tendresses merveilleuses ou d'amours plus ou moins ratées comme toutes les amours. Chacun ne tient debout que par le souvenir imprécis de son histoire propre qui esquisse un sens maladroit à ce que lui renvoie sa mémoire dans le chaos du monde. Celui qui sait qu'il va mourir bientôt a déjà partagé des bribes de sa mémoire avec ses proches ou au hasard de rencontres, mais il est le seul à détenir, à partir de cette mémoire, une clé incertaine et labile de la couleur des choses comme de l'ampleur de l'univers. Ce qui va mourir par sa propre mort est une trace passagère, mais fine, honorable et juste de ce qu'est la vie dans le temps d'aujourd'hui. Avec sa mort, tout ça, cette mémoire accumulée de joies et de souffrances, de ratages et d'accomplissements, va disparaître dans l'oubli. Poussière et cendre. C'est une tristesse majeure, une tristesse sans recours, sans secours, sans consolation. La mort d'un humain tient tout entière dans sa conscience de n'être que matière d'oubli. Et que cet oubli est nécessaire à la poursuite de l'aventure vivante.

Il est maintes façons de résister à l'oubli. On bâtit des maisons, on transmet ses valeurs et ses tours de main aux générations montantes, on écrit ses Mémoires, on rassemble ses idées et ses meubles, on se réserve une place au cimetière, on investit dans les start-up innovantes, on continue jusqu'au bout à prétendre comprendre le monde. Ce faisant, résistant à l'oubli, on ajoute de la matière à oublier.

Il est une autre façon de faire face à l'oubli, c'est d'épouser comme par mégarde l'indifférence au passage du temps. Cela veut dire vivre au présent, ignorer la matière d'oubli que devient son propre passé. Et ne pas même porter le regard sur un futur qui n'a plus de sens dès lors que la mort s'est annoncée. Les humains savent s'ancrer dans l'instant immédiat. Un violoniste qui joue en public, un jardinier semant les graines de son hypothétique récolte, une mère donnant le sein à son bébé, un joueur de rugby remontant avec sa ligne vers l'en-but adverse, un comédien aspiré par son personnage, deux amoureux à leurs retrouvailles, un maire haranguant ses concitoyens, un soldat dans le feu de la guerre, sont tous sur le fil tranchant du présent. Tant qu'ils jouent, s'aiment, sèment, se battent, ils ne meurent pas, ils échappent à l'oubli. Le présent ne s'oublie pas car il n'a pas d'épaisseur. Il n'a ni poids ni sens. À peine s'est-il manifesté qu'il a déjà disparu. Face à la mort qui s'annonce par les menaces de l'oubli, l'invitation dans l'instant présent improvise avec les mystères du temps. Peut-être est-ce le sens de la longue narration solitaire de Fred.

Les parkings de la Maison de Gardanne sont témoins de l'interminable ballet des fourgons gris de pompes funèbres, des messieurs en costumes foncés qui fument une cigarette entre deux courses. À l'intérieur du bâtiment, on aperçoit des familles, arrivant à plusieurs, demandant leur chemin à l'accueil, suivant en file indienne le tracé qu'on leur a indiqué. Un infirmier me signale que chaque fois qu'un patient dont il a la charge vient de mourir, il court en avertir les amis de la cuisine, des ateliers artistiques, de l'entretien, de l'administration. Cette maison est un lieu de départs et de séparations incessants. Les vivants qui restent pourraient considérer que les mourants les abandonnent. C'est ce qu'il leur semble puisque ceux-ci disparaissent du jour au lendemain malgré les soins qu'on leur prodiguait. Afin d'en esquiver l'envahissement tragique, on évite de prononcer le mot mort au fil des heures et des jours pour lui préférer la formulation du départ. Il s'en va. Il part. Il est parti. Le départ restitue une légèreté à l'absence. Le sentiment d'être abandonné par les autres touche moins les soignants ou bénévoles qui ont intégré la mort dans leurs procédures professionnelles comme dans leur vie. Ils sont malgré tout aspirés par le malentendu qu'installe ce phénomène paradoxal. Qui part et qui reste ? Ce faisant, qui quitte qui et surtout pourquoi ? Qui abandonne les autres ? Qu'est-ce donc qu'abandonner ?

Du côté de celui qui va mourir, l'exploration de cette dernière question passe d'abord par sa perception. Elle repose sur ce que ressent celui qui se sait sur le chemin du départ et s'y sait seul. « C'est sur la peau de mon cœur que l'on trouverait des rides. Je suis déjà un peu parti, absent. Faites comme si je n'étais pas là. Ma voix ne porte plus très loin. Mourir sans savoir ce qu'est la mort, ni la vie. Il faut se quitter déjà ? Ne me secouez pas. Je suis plein de larmes », écrit Henri Calet dans son agenda personnel, la veille de sa mort, en 1956, après une existence de guerres, d'écriture et de rire. Celui qui s'en va sait à peu près ce qui va disparaître avec sa mort. Mourra un être de sensibilité, de contradictions, de questions irrésolues, de tendresses inassouvies, de perversités secrètes et de secrets fermés à double tour. Un être inachevé, en somme, un être en cours de route. « Je suis plein de larmes. » Il sait les gloires et les misères de qui s'en va, lui, chacun, une personne absolument singulière à laquelle il s'était attaché pour être seul à la si bien connaître. « Faites comme si je n'étais pas là. » Il est le seul à aimer vraiment celui qui s'en va pour le savoir, au fond, bon, honnête, drôle, en somme aimable. Il est le seul à connaître les nœuds de son cerveau et les trous de son cœur. Il sait le chemin qui conduirait le mourant qu'il voit dans son miroir à se faire connaître comme une personne estimable, une bonne personne. Qu'il soit sage ou fou, celui qui va quitter le monde sait que ce fatras d'émotions, de ratages, de potentiels, d'entreprises, de victoires, de fiertés légitimes ou de jeux inaboutis constitue quelqu'un et que ce quelqu'un ne dispose pas seulement d'un nom de reconnaissance, d'une adresse et d'un cercle d'amis, mais qu'il fait homme ou femme, enfant ou vieillard. Il est une personne cohérente, décente, entière et susceptible pour ces raisons de reconnaître et d'être reconnue. « Il faut se quitter déjà ? »

Tout ça, c'est lui. Il est seul à disposer de ces formes, de ces histoires, de ces espoirs et de son cheminement dans l'impasse qui conduit à sa mort. Il ne peut compter sur personne pour le comprendre vraiment. Il lui est arrivé de se sentir incompris par d'autres humains au cours de son existence, mais jamais à ce point d'étrangeté. Ils s'en foutent complètement de ses secrets, de son départ et de son absence prochaine. Ils lui ont fait sentir qu'ils l'aimaient bien, soit, mais ils ont suggéré que pour eux, la vie continuerait, ils n'ont pas que ça à faire, s'occuper du mourant. Il leur faut replonger dans l'existence terrestre qu'il quitte, lui, à son corps défendant. Ils ont des rendez-vous vagues ou importants, des engagements pour aller au ciné ou au bord de la mer, des projets de livres, les devoirs des enfants à vérifier, tous ces gestes, toutes ces tâches qui font de ces autres des vivants qui vivent. Ce sont bien eux, ces vivants restants, qui l'abandonnent, lui qui part. Ils le laissent tomber. Il sera seul sur son chemin. Comment fait-on ses bagages, comment se prépare-t-on à la mort, à son propre départ ?

On retrouve ici une réciprocité inattendue. C'est que celui qui s'en va aide ceux qui restent à rester. « Je ne pourrais pas dire précisément ce que je reçois des résidents, m'avoue un infirmier. Il se produit cependant quelque chose de l'ordre de l'échange. C'est obligé. On reçoit de l'expérience, de l'émotion, des moments de vie, on reçoit d'être confronté à notre propre finitude. »

La relation entre les patients qui se sont disposés sur la ligne de départ et les familles, les équipes de professionnels et d'aidants dont l'existence présente tient au destin des premiers, cette relation repose sur un paradoxe. C'est que ceux qui restent sur place restent aussi dans l'ordinaire des journées triviales tandis que ceux qui partent ont déjà un pied dans le monde qui suit, le monde métaphysique, le monde onirique, un monde dont ils doutent fort ou qui les terrifie, mais qu'ils acceptent, de fait, d'affronter. C'est ainsi qu'ils rassurent parfois les familles et les soignants d'une hauteur et du point de vue qu'offre cette altitude sur la condition terrestre. Si l'insomnie, la confusion et la douleur lui laissent quelque répit, le patient qui meurt est hissé à la hauteur par la conscience de la gravité de son aventure présente. Cette hauteur, la distance qu'elle implique et les doutes qu'elle distille assurent à l'équipe comme aux familles que chacun a donné ce dont il disposait pour que l'accompagnement accompagne. Je ne parle ni de consolation, ni de réassurance, je parle de « notre propre finitude » et de la reconnaissance réciproque de l'amour de la vie qu'elle fait émerger dans le jeu des regards.

C'est l'un des paradoxes de l'accompagnement : accompagnant et accompagné sont d'autant plus proches l'un de l'autre qu'ils se savent au seuil d'un oubli cruel, d'un abandon inévitable, d'une rupture qui touche à la délicatesse relationnelle, à la joie de se retrouver, à la beauté déchirante du soleil qui se lève. L'accompagnement est tissé à la surprise de voir que ce qui attache des humains les uns aux autres n'est qu'une brume bientôt dissipée par la bourrasque du temps. La conscience de ce paradoxe affleure le regard de chacun. Elle prend sa part dans l'accompagnement.

Dans le cimetière du Montparnasse à Paris, il arrive que l'on croise un homme ou un couple d'humains dont on se demande d'où ils viennent tant ils semblent étrangers, la peau cuivrée, les cheveux noirs, la silhouette trapue, ils hésitent, consultent leur plan et se dirigent vers la tombe de César Vallejo. César Vallejo est un immense poète péruvien que ses contemporains adoraient et adorent encore. « Tellement d'amour et ne rien pouvoir contre la mort[1] ! » écrit-il en guise de testament, un testament stupéfait. Comment cela est-il possible ? Y aurait-il une erreur ? Mais non, rien à faire. « Tellement d'amour et ne rien pouvoir contre la mort ! » Inconcevable. C'est aussi la question sans réponse du *Chant des pleureuses égyptiennes* dont la mélopée tente d'aider les vivants à résister à l'oubli par le rappel à tellement d'amour :

« Je suis allé chez toi, ne t'ayant pas trouvée
J'ai posé mon front sur le seuil et pleuré
Je suis allé chez toi, ne t'ayant pas trouvée
J'ai posé ma tête sur le seuil, il est mouillé de larmes.

J'avais une jeune en toi, ô maison
Bonne pour moi – n'ayant point de pareille

1. *Masa*, Lima, 1937.

J'avais en toi, ô maison, une jeune amie
Bonne pour moi et confidente de mes secrets.

Ta mort est une perte ô belle au long voile
Tes amis déplorent la cruelle séparation
Ta mort est une perte, ô belle aux longues traînes

En entrant le vent de ta maison m'a saisi
Les femmes en sortaient, je ne t'ai point vue parmi elles
En entrant le vent de ton quartier m'a saisi
Parmi les femmes de la maison je ne t'ai point trouvée.

Oh la belle toujours assise à la porte
Elle invite et héberge en l'absence des femmes
Oh la belle toujours assise près du puits
Elle invite et héberge en l'absence des hommes. »

Le moment juste

Léa, chambre 20. C'est la nuit, en novembre. Depuis deux jours, un épisode hivernal s'abat sur les régions, annonce Météo France. La neige tombe sur le patio et le jardin. Elle rappelle les souvenirs des neiges de l'enfance avec la suspension des activités habituelles, une vacance dans la vie ordinaire. Mais ici, de nouveau, c'est la fin de l'innocence. Juliette a cinquante ans, elle est auprès de Léa, sa mère, qui sait qu'elle doit mourir. C'est le corps qui commande et il est à bout de forces. Elle a tenu autant qu'elle le pouvait, maintenant elle en a marre, elle veut « foutre le camp ». C'est ce qui arrive depuis deux jours, tout en elle se distend et le monde recule. « Oh tu t'éloignes ! » dit-elle à Juliette dans un sursaut de conscience. Sa fille veille pourtant au plus près, en y jetant toutes ses forces. Elle va rester là cette nuit, un lit pliant a été ajouté dans la chambre mais elle ne dormira pas. Léa n'est pas tranquille, des bribes de passé remontent en vrac, elle parle et rêve à voix haute. L'étrangeté gagne du terrain. Les autres proches reviendront demain matin à la première heure pour prendre le relais, chacun se repose à son heure et tâche de récupérer. De cette nuit-là, Juliette dira plus tard qu'elle avait l'impression d'être embarquée avec sa mère à bord d'un grand paquebot traversant lentement la nuit. Les soignants autour vont et viennent, entrent doucement dans la chambre, restent un moment, ressortent. Ils bordent les douleurs, les rêves et les cauchemars, autant qu'il est possible.

Léa est en proie à une agitation lente, elle fait mine de se lever, s'assoit au bord du lit, ne sait plus ce qu'elle veut faire, se rallonge, commence une phrase, se rendort.

Entre deux rêves, elle reprend appui, et opère un nouveau bond de conscience, « je suis un peu perdue, ça t'arrive Juliette d'être perdue ? ».

« Oui ça m'arrive, maman. » Juliette est serrée corps et âme, sa voix est trop ferme, ses mots sont trop brefs. Elle fait ce qu'elle peut mais elle espérait mieux vraiment, elle s'était imaginée capable de plus de sérénité dans ce moment unique. Et la voilà réduite à l'os. Son ventre est noué et lui fait mal, tout son corps est tendu. Elle n'a rien à proposer d'autre que sa présence nue : « Je suis là maman. » Elle ne sait plus comment aimer sa mère qui s'en va. Elle ne sait plus ce qu'aimer veut dire.

Le lendemain matin, tout est devenu trop pénible pour Léa et une décision collégiale est prise pour une sédation profonde. Par-delà des bribes de confusion, elle a entendu ce qu'on lui a expliqué, elle a compris, elle fait signe que oui, dormir et ne plus se réveiller.

Juliette s'allonge enfin sur le lit à côté d'elle. Il y a eu un moment pour les adieux, tout est dit. Léa s'endort, c'est bientôt la fin. Tout est calme, sa respiration ralentit, la neige continue de tomber et dans la chambre, une forme de soulagement arrive. Une respiration plus forte que les autres, un arrêt qui dure un peu trop, Juliette a peur soudainement, elle appelle « Maman ! » puis se reprend aussitôt « tu peux y aller, tout est bien ». Encore un souffle ou deux et tout se suspend à nouveau. Le silence arrive.

Plus tard, elle viendra raconter ces deux jours et cette nuit, dans le calme d'un bureau, assise sur un fauteuil rouge, le regard suivant le léger balancement des bambous derrière la vitre. Elle dit avoir vécu un étrange moment alors qu'elle se reposait de cette longue nuit auprès de sa mère inanimée. Elle a vu, mais plus qu'une vision, c'était un ressenti puissant et fulgurant, se rassembler une myriade d'images et de sensations qui se sont concentrées en un faisceau unique. C'était des images de Léa à ses différents âges, son enfance, sa jeunesse et plus tard, dans des situations et des contextes multiples. Tout cela à peine entrevu, tout fut très rapide comme les fragments d'un puzzle qui se rassemblent vivement. Un moment unique qu'elle ne commente pas, qu'elle relate simplement, encore étonnée. Mais ce jour-là elle est revenue interroger autre chose, qui la tourmente. N'aurait-il pas fallu raccourcir ce temps des deux derniers jours et de la longue nuit ? À quoi ce temps a-t-il servi ?

Les produits réduisaient les douleurs, ou les calmaient tout à fait, selon les moments, Léa passait par des états de conscience différents, imprévisibles. Parfois clairs et focalisés sur l'instant, puis refluant au loin et alors sa conscience s'atténuait, Léa et Juliette reperdaient contact. Les échanges entre elles étaient à la fois précieux et épuisants, de trop d'intensité, de tant de variations. « On marchait au bord des gouffres », dit Juliette. Ce qui l'a aidée malgré tout, c'est de pouvoir s'extraire de temps à autre de la chambre pour récapituler ce qui se passait avec les soignants, retrouver avec eux un niveau d'échange habituel, une zone de calme. Et ne pas se sentir tout entière avalée dans ce tourbillon. Michel De M'Uzan[1] a décrit cette attraction puissante entre celui qui meurt et celui qui l'accompagne, et l'on en voit des images sur les tableaux des peintres flamands, le mourant attirant le vivant avec lui dans la mort. Le moment de la séparation appelle souvent à des liens plus intenses. « Elle me regardait, je ne comprenais pas ce qu'elle voulait, est-ce qu'elle voulait me dire quelque chose que je n'ai pas su entendre ? » Dans le regard parfois, on croit voir comme un ultime appel à l'autre, chacun étant sur un bord du monde.

1. Michel De M'Uzan, *De l'art à la mort : le travail du trépas*, Paris, Gallimard, 1977.

Elle demande aujourd'hui « le sens de tout cela, à quoi ça sert ? Est-ce qu'elle a souffert dans cet éloignement ? Pourquoi ne pas avoir sédaté avant ? ».

Il peut paraître bien long à vivre, ce temps ultime, quand on voudrait faire cesser ce qui n'a plus d'avenir possible. La mort n'en finit pas de ne pas s'accomplir. Mais il ne s'agit pas ici de mois ni de semaines. Deux jours, une nuit. À Juliette, le temps paraissait lent, « à n'en plus finir », c'était un autre temps qui ne s'écoulait pas comme à l'ordinaire. Comme distendu. Léa ne donnait aucun signe de souffrance, mais c'est tout son être qui s'altérait, la vie s'épuisait en elle.

Combien de temps faut-il pour s'éloigner du monde ? Combien de temps pour quitter la vie ? En l'absence de souffrance intolérable, faudrait-il soustraire ces heures pour plonger droit dans l'absence ?

« Comment fait-on pour arrêter », c'est une question que Léa posait, c'est une interrogation qui revient d'une chambre à l'autre, d'une vie finissante à l'autre. La vaillance naturelle, les élans, les passions, le tempérament qui tiennent vivant la vie durant, continuent parfois à garder en éveil jusqu'à la mort. Est-ce seulement une affaire pulsionnelle, un quantum d'énergie à libérer, un instinct archaïque ? Les mille liens qui tiennent un être avec la vie par l'amour, les souvenirs, le sentiment d'être soi, les engagements, tout ce qui a fait battre son cœur, peuvent-ils se solder en un dégagement soudain ? Les circonstances de la mort en dépendent. Mais si le temps se déploie ? Lâche prise, entend-on parfois. Plus facile à dire qu'à faire. Il ne faut certainement pas que ce combat se prolonge. Mais à quel moment décider d'effacer la signature d'un être ? Léa voulait « foutre le camp », mais il fallut un temps pour que la vie la quitte. Comment admettre et supporter cette suspension du sens, accepter de ne pas savoir à quoi servent ces heures ? Toutes les heures ont-elles eu un sens jusqu'ici ?

Mourir

Accompagner ceux qui vont bientôt mourir interroge sur ce que veut dire mourir. Nous entrons dans le dur de l'accompagnement. Cette question ne reçoit aucune réponse qui repose sur les exigences expérimentales et déductives de la science. Personne ne sait ce qu'est la mort du point de vue de ceux qui meurent. Et personne ne peut prétendre rapporter une expérience de ce qu'il en est de mourir. Cette question provoque en revanche des explorations relevant de l'onirique, de l'intuitif ou du poétique qui disent une intensité partagée autant qu'intime. La mort vécue appartient au domaine de la métaphore, du rêve ou de la fantaisie. Chaque culture et chaque personne se représente à sa façon cet événement aussi fracassant qu'il est banal. Le champ de nos représentations et des images de la mort est immense. Dans une région du monde qui illustre la figure divine par celle d'un mourant sur une croix de bois, on peut aussi dire que la question est lancinante.

Celui qui va mourir admet qu'il se savait mortel depuis toujours. Jusqu'alors, il s'agissait d'un point de vue métaphysique ou d'un bon sens plus ou moins flottant, peut-être le propre de l'humain. Rien qui justifie qu'on y pense tous les jours. Vient un matin où ce point de vue quitte la vague conscience de sa condition pour avancer vers ce qui le rend mortel: la mort. Il savait qu'il la rencontrerait tant cette rencontre était inscrite dans les discours tenus sur sa condition. Mais voici que le discours n'est plus un reflet ou une construction, ce n'est ni une idée ni un ovni du futur. C'est ce qui se passe.

Cette proximité concrète le renvoie à ce qu'implique mourir pour lui. C'est de quitter la vie, de se séparer, d'abandonner ses proches mais aussi ses rêves, ses fantasmes, ses amours secrètes, ses raisons de joie ou de tristesse et tant d'autres émotions, nostalgies ou projets. « Je pense à ces jeunes femmes qui sont arrivées ici et qui ont rencontré la famille d'accueil qui allait prendre soin de leurs enfants. Des situations qui m'ont fait pleurer, qui m'ont fait m'interroger sur ce que je faisais ici », me confie une psychologue. C'est bien de cela qu'il s'agit. La vie comme abstraction séduisante s'éclipse derrière la vie de celui qui va mourir, sa vie à lui, la seule qu'il connaisse de l'intérieur.

Désormais et de façon paradoxale, les images, les histoires, les discours sur sa condition prennent un nouveau relief: il est vivant. D'une certitude vague et chaleureuse, ce constat peut devenir le déterminant de ses choix, de ses désirs, de ses incertitudes. Il est vivant, le monde sera désormais regardé à travers ce prisme. La proximité de la mort peut donner une saveur nouvelle et un prix soudain mesurable à la vie. Être vivant prend la tournure d'une surprise qui va l'habiter et le camper dans la poursuite de sa carrière d'humain. Il se découvre de façon aiguë comme un humain en vie, un vivant.

Celui dont le départ est proche a eu maintes occasions, durant son existence, de frôler la mort, occasions fortuites ou construites, par lui ou par d'autres. Il a éprouvé la mort à travers son chagrin ou celui des autres. Comme dans certains souvenirs d'enfance, il retient de la mort ce qu'elle provoque de séparation, d'interruption, de rupture, de disparition. Maintenant elle est ici, devant, à côté, derrière, de tous côtés. Elle n'est pas particulièrement agressive ou mauvaise. Au contraire et cela le surprend peut-être. Elle peut se présenter avec délicatesse, des gestes et des images qui avancent sous la musique des mots, les paroles des voisins ou amis, les questions des gens d'hôpital, les tendresses nouvelles dans les regards et les sourires. Elle peut aussi surprendre dans une solitude totale et blesser, effrayer. La voici entrée dans une pratique, des regards, des mots, des gestes, mais aussi des procédures, des machines, des futurs à construire. Voici qu'il est offert au bientôt mourant d'éprouver combien il est vivant.

Qu'est-ce donc que mourir ? Sans que cet exercice prétende épuiser la question ni même la baliser, je suggère d'examiner plusieurs façons de dire l'événement de mourir qui n'en donnent pas le fin mot et qui ne sont pas même exclusives l'une de l'autre : la voix poétique, la voix mystique et la voix pratique observée dans la Maison de Gardanne. D'abord, la voix poétique.

« Mourir, c'est se retirer, se poser de côté,
S'occulter un instant, se faire silencieux,
passer l'air d'une rive à la nage
où que l'on soit, y être en secret.
Mourir c'est oublier, être oublié,
se réfugier nu dans la discrète
chaleur de Dieu, et dans son poing
serré, grandir comme grandit un fœtus.
Mourir c'est prendre feu face contre terre
vers la fumée et l'os et la craie
et se faire terre et terre au travail.
S'éteindre c'est mourir, en hâte et en lenteur
prendre l'éternité comme d'arrache-pied
et répandre l'âme dans la cendre. »

Dans la première strophe des vers du poète mexicain Jaime Sabines[1] qui cherche comme nous ici ce que mourir veut dire,

1. *Algo sobre la muerte del mayor Sabines*, 1962.

c'est surtout un geste entrepris. Le mourant ne subit pas la mort, il en est le sujet, il « se retire », il « s'occulte un instant », il ne subit pas son silence, mais « se fait silencieux ». C'est lui qui « se réfugie nu dans la discrète chaleur de Dieu », lui encore qui « se fait terre et terre au travail » sans que l'on sache vraiment ce que cela veut dire, lui enfin qui « s'éteint. » Il se restitue dans le geste, s'approprie la mort, la prend à son compte.

C'est cette affirmation du mourant comme sujet qui lui permettra d'engager un dialogue qu'on pourrait dire libre ou d'égal à égal avec les vivants qui ne sont pas soumis à la même urgence. Non que la personne qui meurt choisisse de mourir ; mais elle prend sur elle de se poser dans ce passage. Il en résulte une conversation qui engage questions sans réponses et attitudes prudentes face à l'inconnu comme à la peur ou la douleur. La part qui revient à l'accompagnement est de permettre que s'engage la conversation. De poser, à cet effet, quelques termes du dialogue ainsi que vient de le faire Jaime Sabines. Or, dans le dialogue entre le mourant et ceux qui restent, tous sont vivants, mais pas de la même façon. Le mourant dans un dispositif de soins palliatifs, comme celui qui sait sa fin proche pour d'autres raisons, s'échappe de l'incertitude du moment de la mort. Une patiente de la Maison de Gardanne me le rappelle : « J'ai déjà eu un cancer il y a dix ans. J'ai eu une rémission. Mais maintenant, je le sais, pas de rémission possible. C'est clair. C'est aussi ça que j'ai appris ici. »

Lâcher prise. Lâcher prise est un geste partagé avec la mystique. Pour le bientôt mourant, quels que soient les mystères et les douleurs de sa mort, celle-ci est le destin, son destin aussi intime que tous ses secrets. Il se trouve embarqué dans une aventure dont il ignore et la signification et l'issue, avec un foutoir d'émotions, de visages, de lieux et de mystères qu'il est seul à connaître et qui produisent une dernière image. Un peu floue peut-être, l'image, mais c'est la sienne. Elle trouve sa cohérence dans son histoire absolument singulière, une histoire faite de milliards d'instants dont chacun revêt l'intensité de l'immédiat, d'un présent qu'il lui faut maintenant abandonner. Désormais il sait ça. Il abandonne qui il a été, une personne faite de rires, d'audaces et de désirs bientôt réduite à un souvenir dans la mémoire des vivants, une trace encore discernable et qui va s'effaçant. Il renonce à qui il a été pour devenir qui il lui reste d'être. Parole d'un infirmier : « Ils lâchent, c'est l'impression que ça me donne souvent. Il y a des gens qui arrivent et, en une semaine, ils ont lâché prise. Les familles sont très étonnées… Chacun est tellement singulier que les formes du lâcher-prise sont différentes pour chacun. Mais c'est souvent le lâcher-prise à la vie. Calmer leur douleur permet aux gens de lâcher. »

Lâcher prise est un exercice de lucidité et de courage qui permet de pénétrer la solitude. Il déconcerte les accompagnants dont il déplace le rôle. À la Maison, la mort est potentiellement partout, on en ritualise les étapes avec les soignants et les familles, mais on en prononce rarement le mot. « Dans les réunions, le lundi matin, lorsqu'on parle de quelqu'un qui vient de mourir, l'expression est « Ça s'est bien passé » (ou pas). Ça veut dire que ce qui est réussi, c'est la sortie. » Ou bien on dit qu'untel est parti. Derrière ces expressions, on évoque une sorte d'apaisement.

Pour celui qui va partir, ce sont des questions élémentaires et cependant tracassières qui se posent. La première est comment faire en sorte que « ça se passe bien », justement. Cette expression indécise énonce quelque chose d'important. C'est qu'il existe peut-être une façon de partir mettant celui qui s'en va d'accord avec lui-même en cet instant. Dans la mystique chrétienne une expression qui précise l'idée d'un choix de la mort et les conditions de ce choix, parle de « mourir au monde ». Le départ mystique introduit à la rencontre fantastique sur terre avec la divinité, mais le caractère définitif et total de cette rencontre évoque bien ce que nous, gens ordinaires étrangers à la mystique, appelons la mort. Jean de la Croix propose cette interprétation de ce que veut dire mourir (au monde), une anticipation de la mort physique qui en dit ce qui lui paraît essentiel : lâcher prise !

« Dans une nuit obscure
Anxieuse et enflammée d'amour
Oh, la superbe aventure !
Je sortis sans être aperçue
Ma demeure étant alors apaisée
[...]
Immobile, oubliée
Sur l'ami penchai mon visage
Tout s'arrêta, je me laissai,
Laissant parmi les lys
À l'oubli mon tourment. »

« Ma demeure étant apaisée » revient au fil du poème comme expression du renoncement, du lâcher-prise. « Laissant parmi les lys à l'oubli mon tourment » est une autre façon de dire cet art de bien mourir. Il faut se figurer le navigateur, larguant les amarres pour un rivage inconnu dont il sait ne pas pouvoir revenir et demandant qu'on l'oublie afin que la pensée de ceux qui restent ne pèse pas sur son voyage. C'est ça l'apaisement, la tranquillité pour lui.

Devrait-on mourir en paix ? Peut-on vraiment mourir apaisé ? Au point de vue enflammé de la mystique répond celui d'une aide-soignante, un écho terre à terre, pratique, tout aussi émouvant mais sur une autre tonalité : « Quelle est la meilleure fin de vie possible ? C'est la moins en souffrance, la plus entourée. Je trouve terrible quelqu'un qui part seul, ça doit être effrayant. Ici, les patients ne meurent jamais seuls. [...] Quand la fin de la vie arrive, on la sent. On voit les choses.

Et souvent les demandes portent sur le besoin de présence. » On pourrait préciser, d'une présence nue, muette s'il le faut, délicate certainement, en retrait telle qu'elle est souvent évoquée par l'expression « tenir la main ». On pourrait surtout suggérer qu'il n'existe ni mémento ni bienséance face à la mort. Le courage ou la combativité correspondent à certains, pas à d'autres. La colère et l'indécision, la peur ou l'hébétude s'entremêlent, appelant ce que cette aide-soignante nomme le besoin de présence.

Le dispositif médical et soignant, cet appareil plein d'intelligence et de sensibilité, d'amour et de savoir, renonce à guérir celui qui va mourir et assume de l'accompagner de sa délicatesse et de sa puissance. Juste l'accompagner, on n'ira pas au-delà, mais désormais on fera route ensemble. Le fils d'une résidente qui agonise à l'étage où je suis dit à propos de celle-ci : « La Maison a su nous dire tôt que c'était la fin afin qu'on en discute avec elle tant qu'elle était encore lucide. On a pu lui dire au revoir correctement. [...] Pendant une semaine, on a pu échanger et se comprendre. Et elle s'endort depuis une semaine. »

La façon de faire face à l'événement, le ton, les mots, les silences, l'humeur, les partages, mais aussi les choix sociaux, familiaux ou médicaux engagés, tout cela contribue à définir le dernier parcours et à trouver du sens à l'existence que l'on s'apprête à quitter. Une infirmière raconte au sujet d'une résidente : « Une résidente que nous connaissions bien a fait plusieurs séjours ici. Elle nous invitait souvent dans des directions où nous ne nous attendions pas à aller, qui demandent la patience de la recherche des limites. Parfois elle venait tellement près de [notre intimité] que nous n'arrivions plus à entrer dans sa chambre. Les jours où elle n'allait pas bien, on n'arrivait pas à quitter sa chambre. » C'est aussi cela que l'on se propose d'accompagner : une fin d'existence qui cherche un sens à l'ensemble du trajet, qui désespère de n'en pas trouver ou qui s'en fiche, qui interroge les accompagnants.

Les émotions qui traversent ceux qui partent invitent les attitudes de ceux qui restent. Ceux-ci ne peuvent que tenter de comprendre les désirs de ceux qui partent, écoutant, se répétant, interprétant leurs gestes et l'expression de leurs désirs. Ils peuvent déceler la douleur, la peur, la joie, le désir, le contentement, la soif ou l'inquiétude. Ils peuvent aussi éviter les pièges de l'inférence comme de la substitution. C'est leur part d'accompagnement, c'est leur métier.

Mourir vivant. Certains patients marquent fortement les restants qui les accompagnent. Ils réussissent leur départ par ce pas de côté : « Prendre l'éternité comme d'arrache-pied », ainsi que le claironne Jaime Sabines. Ils assurent. J'entends de la part de certains soignants de la Maison de Gardanne des noms d'anciens résidents prononcés avec un mélange d'admiration et parfois de stupeur. Ce sont les noms de ceux qui se sont apparemment installés dans cet établissement avec pour invisible bagage le secret projet de bien jouer leur départ. « Une fois, me raconte une soignante, j'ai accompagné un homme qui me demande : "Vous savez ce que je fais dans la vie ?" Je dis non. "Regardez-moi bien, vous ne voyez pas ?" Un jour il me dit : "Il paraît que je viens ici pour mourir ? C'est comme Molière qui écrivait : 'On ne meurt qu'une seule fois et c'est pour longtemps. J'espère que je ne vais pas la rater'." Alors ce monsieur disait, je vais bien vous surprendre. Le médecin lui demande, comment nous surprendre ? Eh bien je ne vais pas mourir comme vous vous attendez. On l'a retrouvé un jour, mort, étendu sur son lit avec son nez rouge, il était clown chez Zavatta. »

Ceux que l'on peut repérer à cette attitude bravache produisent chez les accompagnants un sentiment qui balance entre l'épate et la fascination. Certains de ces personnages engendrent l'étonnement des restants lorsqu'ils cèdent malgré tout à la menace qui avait frappé à leur porte. D'autres traversent de longues périodes dans la Maison, y intriguant les sédentaires, les marquant d'un espoir impartageable. Ils investissent leur fin de parcours dans une vitalité charmeuse, parfois farceuse, puissante et partageuse.

Les destinées humaines ne se ressemblent pas. C'est à chacun la sienne. Dans *Le roman inachevé*[1], Louis Aragon chante « La guerre et ce qui s'ensuivit ». La guerre enroule la vie et la mort l'une dans l'autre. Aragon raconte en vers le trajet de ces jeunes hommes qui partent au front sachant qu'ils ont si peu de chances d'en revenir. Ils s'endorment les uns sur les autres dans cette nuit ultime, se voyant presque morts bien que tout à fait vivants. Tandis qu'il serait l'heure pour eux de récolter la moisson, de courir les filles ou de jouer aux cartes, tandis qu'ils profitent aussi d'un dernier instant de la chaleur des corps voisins de leur wagon brinquebalant, ils commencent à mourir dans un petit matin frais qui annonce, sans le dire, le grotesque fracas des batailles perdues.

« Déjà la pierre pense où votre nom s'inscrit
Déjà vous n'êtes plus qu'un mot d'or sur nos places
Déjà le souvenir de vos amours s'efface
Déjà vous n'êtes plus que pour avoir péri. »

1. Louis Aragon, *Le roman inachevé*, Paris, Gallimard, 1956.

Carpe diem

« Nous travaillons sur un rapport au temps et une conscience du temps », me confie une infirmière de la Maison de Gardanne. « C'est quelque chose que j'ai découvert ici et qui fait lien avec ma vie extérieure. Au fur et à mesure de la présence ici, on prend conscience du caractère éphémère et insaisissable du temps. Parfois, en me référant à une personne, je fais intervenir le temps dans la relation qui s'engage. Je me dis qu'avec elle il reste si peu de temps qu'il ne faut pas en perdre une minute. L'intervention qu'on met en place prend en compte la fièvre du temps qui passe et la disponibilité du temps restant. Cette attitude impacte même ma vie quotidienne. Je me dis plus souvent : profitons du temps qui reste. » Cette préoccupation traverse les soignants comme les patients, les amis, les familles. « Certains résidents de la Maison me disent qu'ils vont mourir bientôt. » La date n'est pas donnée, mais l'urgence se perçoit dans la voix de l'infirmière décontenancée. À l'inverse, certains patients sont comme pétrifiés et attendent la mort sans bouger. « C'est le cas de ce jeune homme de dix-sept ans qui pourrait pourtant faire tellement de choses. On sent parfois qu'un décalage s'est installé entre nous les soignants qui allons vite et certains résidents qui tendent à freiner le temps. Les psys nous encouragent à leur laisser du temps. Il y a aussi cette dame, Carla, qui est un peu âgée et qui risque de se retrouver chez elle à prendre soin de son mari grognon. Nous avons tellement de choses à lui proposer pendant le temps qui lui reste. »

La réflexion de cette infirmière signe la façon de faire de la Maison. Le parti y est pris de jouir du temps qui reste, de profiter sans réserve de la tranche de vie qui s'offre. C'est ce que dit *carpe diem*, saisir l'instant, attraper le jour présent, profiter du moment, une urgence qui s'adresse à chaque instant de l'existence, mais prend un tour pressant à l'approche de la mort. Cet instant demande, suggère ou au moins murmure qu'on ne le rate pas. Si l'on insiste sur ce parti, c'est qu'il prend, dans l'établissement, une allure d'évidence, celle d'une célébration de la vie, d'une philosophie de la vitalité. Outre la qualité des soins, la délicatesse relationnelle, la considération pour la singularité de chaque résident, ce qui unifie les pensées et les pratiques des gens de la Maison, c'est que tout y est conçu pour offrir à ceux qui le souhaitent et le peuvent une belle fin de parcours.

Dès l'entrée dans le bâtiment, on y est saisi par la lumière, la chaleur de l'accueil, la disponibilité des professionnels et des bénévoles. On continuera d'y être surpris sans savoir nommer les objets de la surprise. On finira par oublier la qualité de l'atmosphère, mais on considérera les opportunités qu'elle offre. Qu'on ne se fasse pourtant pas d'illusion. Comme on y reviendra, certains résidents ne quittent pas la rage de ce qui leur arrive, certains attendent surtout qu'on leur fiche la paix, certains ont assez à faire avec leur famille, leur douleur ou leur destin. D'autres attrapent au vol la joie qui s'est approchée d'eux.

Je voudrais insister sur un caractère du parti de la joie de vivre, c'est qu'il ne se gagne pas sans risque. Risque d'une contradiction entre la prudence médicale et une allégresse passagère, risque d'un verre de trop lors d'une sortie au restaurant avec un ami en visite, risque de la retombée solitaire au sortir d'une balade illusoire, risque du dur retour au réel ou à l'idée qu'on s'en fait. Le conte que je propose au lecteur de lire ici illustre la question du risque mis à disposition des résidents de l'endroit.

Il pose de façon diagonale la question pratique de que faire de sa fin d'existence. Est-il temps d'apprendre à vivre ? Et, déjà, apprendre à mourir a-t-il un sens ? Se soumettre aux injonctions des gens sérieux, gens d'expérience ? Brûler la chandelle par les deux bouts, alors ? Ce conte introduit à des doutes, des humeurs, des situations et des rêves qui habitent d'une intensité nouvelle les gens soumis à l'approche de la mort. Il nous fait entrer par la fiction dans la fluide réalité d'un moment singulier qui est le quotidien de l'accompagnement.

La feuille rouge[1] de Miguel Delibes traite du parcours d'un vieil Espagnol vers sa mort dans le temps qu'il lui reste. La feuille est une feuille de papier à cigarettes tirée par un fumeur à l'instant de s'en rouler une. Elle est ici rouge car, courtoisie du fabricant, sa couleur signale au fumeur qu'il ne lui reste que cinq feuilles. Au début du conte, le vieil Eloy assiste à son pot de départ à la retraite, cérémonie présidée par le maire de la ville qui le traite par-dessus la jambe. La veille, déjà, un ami lui a expliqué en long et en large que la mise en retraite était l'antichambre de la mort. Le vieil homme fait le rapport avec la feuille rouge.

Toujours est-il que le vieil Eloy est averti comme le sont les résidents de Gardanne. Il aborde la fin de son parcours. Tandis que sa raison ne lui laisse aucun espoir de saisir quelque jouissance de ce qu'il lui reste à vivre, il se livre à l'émotion nouvelle qu'il sent sourdre en lui. Un désir de reconnaissance de la part de ses anciens collègues ? L'envie de progresser dans l'art photographique ? Quelques urgences à satisfaire comme celle de retrouver son fils qui a si bien réussi à Madrid ?

---

1. Miguel Delibes, *La feuille rouge*, Paris, Gallimard, 1959.

Cependant, dans son village perdu, la Desi, une fille de vingt ans, vient de subir une déconvenue amoureuse. Son fiancé, un garçon du même village avec qui elle s'entend fort bien, un gars un peu fou, mais gentil et doté d'une voix superbe, l'a quittée sans raison. Elle a décidé de décamper en ville pour oublier. La voici qui débarque, par hasard, dans la cour où habite le vieil Eloy. Elle demande à l'encan : « Il n'y aurait pas ici, par hasard, une place de femme de ménage ou de bonne, enfin, une place pour moi ? » Le vieil Eloy qui change justement d'existence prend le risque d'engager la Desi comme femme à tout faire, cuisine, ménage et conversation, pour quelques *reales*. Elle s'installe chez le vieux. La Desi est un cœur pur. Elle est ce qu'on appelle une simplette, ne cache aucune arrière-pensée et ne se croit habitée que par l'espoir du retour de son ancien amoureux. Elle est la métaphore d'une rencontre avec la vitalité.

Un jour, le vieil Eloy relate à la Desi l'histoire de Rovachol, conte dans le conte. Rovachol était un lascar aux mille tours de pendard, faisant toutes les bêtises que peut imaginer un homme libre de préjugés et de projets. Jusqu'au jour du revers de la chance où la garde civile le prend au collet et le fait condamner à mort pour une broutille. Rovachol va mourir, il le sait. Au petit jour de sa mort annoncée, un garde de la prison vient le chercher. Rovachol a si bien dormi qu'il peine à tenir debout. Il s'étire, bâille, se rassied. Le garde insiste, « faut y aller Rovachol ! » Rovachol s'habille, se coiffe soigneusement, se rase de près avant de se livrer au bourreau. Rovachol ne quitte pas le maton du regard. Il le regarde droit dans les yeux : « On y va quand tu veux. » Un curé propose à Rovachol de le confesser, provoquant de sa part un éclat de rire et un commentaire sur son allure de corbeau. Face à son instrument de mort, Rovachol, les mains attachées derrière le dos, refuse le bandeau sur les yeux, se campe face aux flics et au bourreau et crie : « Vive la République sociale ! » La tête se sépare du corps sans cesser de crier : « Vive la République sociale ! »

Si le personnage de Rovachol nous intéresse, c'est qu'il incarne l'esprit du lieu dont nous parlons. Effronté, libre, joyeux, habité par sa République sociale partageuse, comme le fait la Maison pour les résidents qui l'habitent à l'occasion d'un dernier passage. Rovachol assure la puissance vitale de la joie et du désir jusque devant la mort comme le fait l'esprit de Gardanne. Il inspire la suite du conte. Le vieil Eloy et la Desi ont décidé en dépit de toute bienséance de célébrer ensemble le soir du Noël qui vient. Alors qu'il attendait cette lettre depuis vingt ans, voici que le courrier apporte au vieil homme un mot de son fils, le fameux notaire à Madrid. La Desi, aussi, vient de recevoir une lettre, celle-ci de son amoureux perdu qui lui annonce une visite. C'est un beau Noël en perspective, un Noël cadeau.

Rien ne se passera comme prévu. Le fils s'avère un minable oisif et l'ex de la Desi se fait accuser du meurtre d'un copain de beuverie. Dans le train du retour de Madrid, le vieil Eloy ne pense qu'à la joie des retrouvailles avec la Desi. Il n'a plus qu'elle. Elle n'a plus que lui. L'horizon s'ouvre. Le vieil Eloy découvre en lui le désir de vivre enfin, ou de vivre enfin libre. Au soir de Noël, ils boivent et rient ensemble sans retenue. C'est un vrai Noël comme dans les contes, comme aussi l'existence y invite lorsque l'urgence ne laisse plus d'alternative.

« Je n'ai qu'une vie, me disait un vieil homme qui était aussi mon père, et c'est celle-ci ! » Un choix possible est de miser la meilleure part de son énergie dans la vitalité des derniers instants. À Gardanne, les surprises de la créativité, la joie des rencontres inutiles, la gastronomie soignée et les sourires du chocolat, les massages et les bains, la musique qui se pointe par la porte, la lumière qui gicle de partout, la lenteur dans les relations, la délicatesse des soins, tout concourt à renvoyer ce bout d'existence meurtri à ses chances de plaisir et de jouissance. La plupart des soignants et autres professionnels portent ce projet dans leur regard, leurs gestes et leur relation aux patients. Lors des réunions de transmission, ils tiennent ensemble l'urgence de proposer le plaisir avec la reconnaissance de la souffrance et les efforts pour l'atténuer.

Une psychologue clinicienne qui a travaillé dix ans face à face avec des malades en fin de parcours me confie : « Je retiens deux choses dans le souvenir que m'ont laissé les patients. On a beaucoup parlé de l'amour d'enfance que l'on n'a pas saisi lorsqu'il s'est présenté. On ne l'a pas saisi faute de courage ou d'à-propos. Un choix plus raisonnable a pris le dessus. On a beaucoup parlé aussi de la sensation du vent dans les cheveux et du sable sous les pieds. Ce souvenir engendre pour tout regret celui de n'avoir jamais assez profité du vent dans les cheveux et du sable sous les pieds. Il me reste que, quand je me retrouve dans ces situations-là, d'avoir la sensation du vent dans les cheveux et du sable sous les pieds, j'ai une pensée pour ceux d'ici. »

Désir d'amour
Ispahan

Elle a sur sa table une confiture au parfum suave, un peu écœurant, de rose et de litchi, dont le nom d'Ispahan ouvre l'imaginaire. Vêtue de longues tuniques élégantes, genre hippy chic, elle fait visiter à ses amis ce lieu où elle est accueillie et soignée, le patio arboré, les salons bibliothèques, elle caresse le piano au passage, comme chez elle ou presque. Elle apprécie qu'on ait accroché aux murs de vrais tableaux, mais elle a fait changer celui juste en face de son lit. On est allés dans la réserve, au sous-sol où sont entreposées les œuvres offertes au fil des ans par des artistes, amis chers ou passants, en visite ou soignés. Marina a arrêté son choix sur une grande toile au dessin minimaliste, quelques traits esquissant un voile, blanc sur fond blanc, on pourrait croire un suaire, avec une touche rouge carmin sur un bord. Signe de blessure ou de mort, pense-t-on. À tort. Elle rappelle la tradition, contre laquelle elle s'insurge, qui était d'exposer aux fenêtres le lendemain des noces les draps marqués du sang de l'épousée. Preuve de sa virginité jusqu'alors. Marina retourne cette histoire comme un gant. Le drap atteste que c'est la nuit qui fut consommée, pas la femme ! dit-elle. Elle choisit d'afficher son rouge désir aux yeux de tous. La toile est accrochée en face du lit. Ce désir la tient vivante, si près de la mort, elle qui ne renonce pas. Presque.

Ceux qui viennent la visiter s'assoient dans le grand hall en l'attendant, bohèmes, un rien dépenaillés, c'est selon. On les croise et on les reconnaît, à quoi cela tient-il, une parenté de style, une culture commune, trois fois rien et tout est dit. Un charme opère. Son homme à elle vient aussi, et c'est là une souffrance, il vient mais ne se donne plus à elle. Il l'aime, lui dit-il, d'un amour chaste et paisible. Un peu trop pour elle qui construit dans ses fantaisies des scénarios érotiques et plaisants. Certaines nuits, des rêves viennent la troubler. Elle soigne son visage, maquille ses yeux, ses lèvres, elle aime plaire, elle veut plaire. Elle force même un peu les choses avec son homme, rabroue ses prudences, et demande une chambre pour deux, habituellement dévolue aux visiteurs. Un grand lit pour elle et lui, encore une fois, encore une nuit, il n'y a plus de temps à perdre. Une vraie nuit de noces, dira-t-elle ensuite. Au matin elle irradie de la gloire d'aimer et d'être aimée.

Les bains, les massages, donnés sans équivoque, sans intention autre que la soulager, viennent parfois éveiller en elle une attente, un espoir imprécis. Et toujours elle rêve ces rêves qui la troublent. Elle les note au matin dans un petit carnet, moleskine noire, comme elle en a rempli sa vie durant de son écriture ample, et elle les raconte ensuite dans l'intimité de sa chambre où nous poursuivons notre conversation.

Comment vivre sans projet amoureux, quel qu'il soit ? Sur son visage, alors qu'elle écoute chanteurs et musiciens, ses émotions affleurent. Et quand d'un mouvement de tête elle secoue ses cheveux en arrière, on veut croire avec elle que tout est possible. Tout.

Peu à peu ce désir qui l'anime lui devient encombrant. Son corps s'épuise. Elle parle de l'avancée de sa maladie, des symptômes envahissants. Cet écart entre son désir et sa faiblesse, un scandale affirme-t-elle. « Comment fait-on pour arrêter, de vivre et de désirer », c'est maintenant sa question, son urgence.

Après s'être déclarée prête à mourir, elle décide un matin qu'on lui retire la confiture du beau nom d'Ispahan ainsi que tous les objets attachants, jusqu'à la toile blanche avec la tache rouge, enfin tout ce qui fait signe de vie et d'envie. La chambre est vide et son monde dévalisé. Les jours suivants elle organise son ascèse du fond de son lit, cesse de s'alimenter et prononce ses adieux. Dans la chambre nue, plus aucun rêve ne s'accroche. Le corps enfin prêt à lâcher, la voilà saisie pourtant par une ultime attente. Qu'est-ce qui viendra vers elle « après ? je n'ai plus rien, prêtez-moi ce que vous pensez, ce que vous croyez ». Elle a lu tant de livres, elle s'est inspirée et nourrie des grandes traditions spirituelles, mais là, plus rien à quoi se relier, s'accrocher, « ça ne tient pas, je suis vide. Tout ça pour ça ? ».

Alors on lui prête ce qu'on n'a pas, ce qu'on ne sait pas et on reste avec elle dans ce moment de total dénuement. Ensemble on écoute encore et à nouveau la *Suzanne* de Leonard Cohen, adaptée par Graeme Allwright. Cette chanson qu'elle connaît par cœur, c'est un ami musicien qui l'interprétait pour elle il y a longtemps déjà. Le CD est à portée de main, sur sa table de chevet.

« Suzanne t'emmène
écouter les sirènes
elle te prend par la main
pour passer une nuit sans fin
et maintenant tu n'as plus peur de voyager les yeux fermés
une flamme brûle dans ton cœur. »

La mélodie l'accompagne sur la brèche, réveillant peut-être les traces d'amours immémoriales. Cette chanson borde son désir, ses joies, ses peines, et soulève une infinie nostalgie, la promesse d'une « nuit d'amour sans fin ».

C'est une question insistante : croire en un ailleurs aide-t-il au moment de mourir ? Les croyances constituées, les religions, la spiritualité qui fut nourrie une vie durant semblent aider, parfois, aux confins de la vie. Ceux qui ont autour d'eux une communauté croyante peuvent se sentir portés par son soutien. De même ceux qui ont noué une relation d'intimité avec leur foi, leur doute, et l'usage du dialogue entre les deux. Parfois, mais pas toujours. D'autres fois, ils disent comme Marina : « Ça ne tient pas. » Dans les interstices de la psyché, l'immensité du silence. Que sait-on de ce qui tiendra ou pas dans les moments extrêmes ?

Marie Balmary dans *Le moine et la psychanalyste*[1] propose « un ciel entre nous », au sein de la présence mutuelle, l'un avec l'autre, paroles et silences en partage sensible. L'accompagnement dans ses déclinaisons diverses pourrait en être une figure possible. De quelle façon nous laissons-nous modifier l'un et l'autre par nos présences, comment peut naître entre nous un ailleurs, encore inédit. Chacun décidera du statut de ce ciel, transcendant, immanent, solidaire et incarné dans ce qui fait société…

« Quelqu'un est là, qui m'attend », priait auprès de ceux qui le voulaient notre vieil ami Eugène Seroux, prêtre-ouvrier en son temps, aumônier des artistes et libre dans sa pensée. Il fut compagnon d'amitié de cette maison dès son ouverture et de longues années durant. Nous avons bien souvent parlé et ri ensemble, « ceux qui croyaient au ciel et ceux qui n'y croyaient pas », comme l'écrivait Aragon[2]. Qu'importe, nous nous retrouvions toujours.

« Quelqu'un m'attend ». Ce beau désir qui porte ailleurs.

---

1. Marie Balmary, *Le moine et la psychanalyse*, Paris, Albin Michel, 2005.
2. Voir Louis Aragon, *La rose et le réséda* dans *Œuvres poétiques complètes*, t. 1, Paris, Gallimard, coll. « Bibliothèque de la Pléiade », 2007.

Les détours du désir

Le système hospitalier des pays riches n'a pas vraiment réussi, depuis que la médecine s'est modernisée, à investir la contribution des malades eux-mêmes à leur santé, leur soin ou leur guérison. C'est le moins qu'on puisse dire, et c'est en dépit des efforts de ce système comme des patients. Il est vraisemblable que plus la médecine moderne se technicise et se spécialise, moins le patient dispose d'espace où déployer la part qui lui revient dans son propre équilibre. On peut s'en étonner car, de quelque façon qu'on prenne le soin, la maladie, sans même parler de la joie de l'instant, le désir de vivre contribue à rétablir la personne dans un état de santé ou, disons, d'équilibre. S'il n'y a que rarement perspective de guérison ou de rémission en soins palliatifs, la question reste de permettre au patient d'investir ce qu'il lui reste de désir pour approcher cet état d'instabilité relative qui lui permettra de contrôler un peu mieux la douleur, la crainte et la tristesse ; de jouir des instants qu'il lui est donné de vivre. On suivra les caprices du désir dans la Maison de Gardanne qui reflète ce qu'en dit Hervé Guibert racontant l'intrication de cet appétit féroce avec l'approche de la mort lors des débuts de l'épidémie du sida.

Cet espoir est fondé sur l'idée que le désir est un. Le désir de vivre est désir sexuel, désir de nourriture, désir de partage ou désir de joie. Il est tout ça. Réciproquement, le désir amoureux, le désir de manger et de boire, le désir de rire avec ses potes ou sa famille, tout cela est désir de vivre. De ces désirs nommés différemment, on ne dira pas qu'ils contribuent au désir de vivre. Ils sont désir de vivre. Les appareils de santé rétifs aux indomptables sources animales de l'existence nous priveraient de jouir d'un désir qui tout à la fois irrigue, engendre et nourrit la vie. Il a fallu que l'on se débarrasse des injonctions normalisantes des systèmes religieux et qu'une épidémie de sida nous somme d'ouvrir les yeux pour que l'on découvre la connivence d'un réveil du désir avec l'expérience de la vie.

Une des difficultés dont les soignants de Gardanne s'accommodent avec malice est que les désirs se manifestent de façons tellement différentes d'un individu à l'autre qu'il convient de se pencher vraiment sur chaque patient pour y répondre. Comprendre les désirs du patient, engager les moyens de les satisfaire et dessiner des projets ou des programmes généraux qui se déclineront à leur tour selon des variations individuelles y font partie de l'appareil de soin. Les anecdotes sont nombreuses, relatant les aventures de tel résident avec tel plat, tel type de massage ou telle séance de dessin, car le désir est ici attendu et satisfait autant qu'il est possible dans les limites des ressources de l'institution, de la souffrance du patient et de sa fatigue. Et compte tenu de conflits possibles entre désirs différents, la fameuse ambivalence qu'on interrogera plus loin.

Ce que nous observons sur ce terrain d'observation marqué par l'épidémie de VIH est même que le désir y est exploité comme opportunité d'extension des possibles. On n'y tente pas la satisfaction du désir, mais son éveil et ses expressions. Tout est bon pour contribuer à ce réveil enfoui sous des sédiments de rigueur scientifique exclusive, des siècles de bonnes manières, des détroits d'angoisse et de douleur. Les atouts principaux mais pas exclusifs de l'établissement de soins sont la cuisine et la pratique artistique.

La cuisine est vaste, centrale, ouverte et beaucoup d'acteurs y contribuent, y compris bénévoles et résidents. Une malade installée pour un bref répit me disait un soir à table qu'elle rêvait de louer à proximité de là un petit appartement qui lui permettrait d'y venir dîner tous les soirs incognito. Derrière cette boutade se cachent un enthousiasme ainsi qu'un projet unanime car cette maison est dotée d'une bonne table. Mettre la cuisine au cœur du soin consiste à satisfaire la gourmandise de chaque résident au plus près. Cela au risque des effets d'une bamboche. On reviendra sur cet ajustement. Un bénévole passe par les chambres pour proposer le menu du jour et ses déclinaisons possibles et il note la demande de chacun. La cuisine entend ces messages et prépare beaucoup de repas selon leurs requis. Lorsque se présente un risque de fausse route ou de diabète, le médecin prend position, les cuistots agissent en conscience, les soignants se concertent et c'est finalement le patient qui choisit. Cet ajustement est une façon d'honorer le désir des patients. Tout le monde le comprend et ça fonctionne.

L'accueil de jour est ouvert juste à côté de l'entrée de l'établissement. C'est une pièce claire d'où l'on voit le ciel. Elle est encombrée par des outils, des papiers et rouleaux, des pièces en cours de transformation, des œuvres affichées aux murs. À une table ou à l'autre, des patients venus du dehors travaillent. Tout au long de la journée, ils s'y retrouvent, guidés par des artistes et des médiateurs, dessinant, peignant, sculptant, se montrant leur travail et en devisant ensemble. L'apprentissage, le partage et la création artistiques sont au cœur du soin. Hervé Guibert confirme ce qui est, pour lui, un complice du soin et du goût de vivre, sa pratique de l'écriture d'abord, mais aussi sa disposition à la beauté du monde qu'il observe en toutes circonstances. En somme le réveil de son désir.

Le protocole compassionnel[1] comporte, entre autres histoires, celle d'un accompagnement : celui de l'auteur dans sa maladie. Les protagonistes de cet accompagnement sont d'un côté ce jeune écrivain brillant et reconnu qui est atteint du sida et de l'autre ceux qui partagent avec lui cette traversée : des médecins, des soignants, des amis, des gens de rencontre, les surprises de l'existence. L'écrivain est Hervé Guibert. Il a à peine plus de trente ans lorsque le roman commence et trente-six quand il se ferme d'un coup. L'auteur qui est aussi le héros de cette histoire, le narrateur donc, avance dans sa vie, son métier, l'évolution de sa maladie, ses interrogations. Son regard sur le monde et sur son expérience évolue en fonction des paysages qu'il traverse.

Le livre ne se contente pas de raconter l'accompagnement ; il le fait adossé à la vitalité d'un homme talentueux et séduisant qui mord dans la vie à belles dents. C'est un roman chargé d'émotion, drôle, haletant. Hervé Guibert avait commencé à écrire sa relation avec le sida dans *À l'ami qui ne m'a pas sauvé la vie*[2] : « Soudain, à cause de l'annonce de ma mort, m'avait saisi l'envie d'écrire tous les livres possibles, tous ceux que je n'avais pas écrits. » Il la poursuit et la termine avec *Le protocole compassionnel* qui nous fait entrer dans la conscience qu'a l'auteur de sa maladie, vers cet état où la mort s'annonce tandis que la vie est tellement enveloppante par les jouissances, les bonheurs, les douleurs, les doutes ou les espoirs qu'elle dispense. Ce n'est que vers la moitié du roman que le narrateur commence à évoquer l'approche de la mort, alors que se dessine la ligne très visible qui nous rappelle à notre finitude.

« Eugène Savitzkaya est un très grand poète, un très grand écrivain que j'admire plus que quiconque. J'aimerais le retrouver avant de mourir, et retrouver sa femme Carine et son fils

---

1. Hervé Guibert, *Le protocole compassionnel*, Paris, Gallimard, 1991.
2. *Id.*, *À l'ami qui ne m'a pas sauvé la vie*, Paris, Gallimard, 1990.

Marin, ils me manquent, ça fait un an que je ne les ai pas vus, c'est trop, j'ai maigri de dix-huit kilos en un an. » Guibert évoque un jouet pour l'enfant, puis un voyage en Thaïlande, les cyprès de son jardin et, de bifurcation en bifurcation, constate : « Avec la maladie, je n'ai plus peur de rien, ni des voleurs, ni des égorgeurs, ni de la tempête de la nuit, ni des petits avions cahoteux à hélice comme celui que j'ai pris hier pour aborder l'île dans la brume, et qui a rebondi sur une piste de brousse, je crois que je n'ai plus peur de la mort. » Il regrette alors d'avoir oublié sa Digitaline dont on ne sait pas s'il comptait sur elle comme médicament ou comme ticket de sortie.

Deux pages plus loin, Guibert signale : « Agathe a vendu six photos de moi au même collectionneur la semaine dernière, six photos à trois mille francs, dix-huit mille francs pour quelqu'un qui va mourir. » Je pense, pour ma part et en lisant ces lignes, au dialogue lu dans l'essai anthropologique de Bruce Jackson et Diane Christian, *Le quartier de la mort*[1]. Dans cet essai, un dialogue s'engage entre un dentiste du pénitencier et le client qu'il rabroue, un condamné du pénitencier à qui il fait remarquer qu'il n'est pas question qu'il dépense son maigre budget pour un habitant du couloir de la mort. Est-il besoin qu'il s'en explique ? « La manière dont les condamnés à mort sont traités, suggèrent les auteurs, rappelle celle appliquée aux incurables en phase finale dans les hôpitaux. Tout comme eux, ils sont considérés comme des presque-morts, comme déjà en partie exclus du monde des vivants. » C'est à cette terrifiante paresse du regard que réplique Hervé Guibert.

Nous revoici donc avec notre jeune écrivain parti dans une rêverie où il prépare lui-même son inhumation, signale à tout hasard sa préférence « pour les petits cercueils près du corps,

---

1. Bruce Jackson et Diane Christian, *Le quartier de la mort*, Paris, Plon, 1980.

fragiles comme des embarcations incertaines, qui voguent sur des mers vides ». Nous voici à nouveau avec lui devant son travail. Ou plutôt sommes-nous témoins du face-à-face de l'écrivain et de son écriture tandis que la mort le hante : « C'est quand j'écris que je suis le plus vivant », insiste-t-il. Et, parlant de ce qu'il écrit, de l'écriture dont il découvre les traces avec étonnement au milieu des choses de la journée, il s'étonne lui-même : « [...] toutes ces choses vivantes, inattendues, tous ces mots vivants, inattendus, puis la soupe incomparable préparée par Veronika. [...] »

Parfois, l'auteur nous rappelle par trois mots sur son corps devenu celui d'un vieillard à la progression de la maladie. Pas un mot sur sa beauté perdue. Pas un gémissement. Un soupçon de dépit lorsqu'il s'aperçoit que Claudette Dumouchel, la très belle médecin qui s'occupe de lui avec délicatesse, rudesse et affection, Claudette rigole effrontément avec un joli jeune homme qui n'est pas lui. Il se sent abandonné comme si le sol se dérobait sous ses pas. Voici le désir réveillé.

Il arrive à Hervé Guibert de télescoper le goût de vivre et l'approche de la mort dans une humeur où domine l'incertitude. Nous sommes alors, dans ce roman, bien avant l'irruption de la trithérapie. On sait enfin avec certitude comment se transmet le VIH, mais on avance à tâtons dans un silence hurlé par les grands vents de la rumeur en ce qui concerne l'espoir de guérir de cette maladie. C'est sur ce fond de tableau que se déploie le projet artistique de l'auteur. Faisons-y la part de l'impatience propre de l'artiste avec ce qui relève d'une sorte de voyeurisme sur lui-même dans l'atmosphère dantesque des ravages de la pandémie dans les milieux de l'art. L'impatiente urgence d'écrire s'offre une chance de rémission dans une bifurcation inespérée vers le cinéma. « Je ne sais plus pourquoi je suis allé à Casablanca », commence l'auteur dans une tentative naïve pour nous égarer avant de s'expliquer : « À l'article de la mort, on me proposait de réaliser un film, et par là mon rêve d'enfant. » Puis de passer aux aveux sans pouvoir se dérober tant ce qu'il lui reste pour de vrai, c'est de n'y comprendre rien et de n'en plus pouvoir : « La vérité est que je partais parce que j'étais à bout de tout, à bout de mes forces, en train de crever, tout simplement, comme une pauvre bête. » La réponse de Guibert à son agonie de « pauvre bête » est l'accomplissement de son rêve d'enfant ou de son désir d'enfance.

On rapporte que Michel Foucault avait coutume de dire à son ami Hervé Guibert : « C'est bizarre, il t'arrive toujours des histoires qui n'existent pas. » C'est que survient, dans ce dernier roman, l'inflexion narrative qui restitue son mystère au récit. Dit autrement, le génie de Guibert est de faire apparaître le désir en égarant le lecteur entre fiction et réalité. C'est la nouvelle que, peut-être quelque part, quelqu'un peut le soigner. Ce pourrait n'être qu'une entourloupe, l'apparition fugitive d'un bonimenteur qui profiterait du désespoir des mourants. Eh bien non car surgit le Tunisien ! Celui-ci est un homme puissant, honnête, chaleureux ; et il lui fait du bien. Le Tunisien sorti d'on ne sait où lui ramène à peine l'espoir, le prend tout à fait au sérieux, le remplit de sa chaleur et lui entrouvre quelques instants de bonheur. « Je m'étais senti bien sur cette plage, ma fatigue m'avait abandonné, j'avais pensé à la rencontre de l'après-midi, j'avais pensé au sens ou à l'absence de sens qu'elle avait pour moi, et on aurait dit que le Tunisien, déjà, avait commencé de faire son œuvre en moi. J'étais fort de nouveau et de nouveau éternel. »

Dès lors, le roman change de ton. Hervé Guibert s'est abandonné dans les mains du Tunisien qu'il adore. Sans que jamais la chose soit prononcée, on sent que l'impatience de vivre est tombée comme dans la douceur d'une fin de saison. « Adossé à un mur au soleil, je guettais sa disparition entre les palmiers, il était doux, chaud, rougeoyant, et je respirais à pleins poumons, comme le Tunisien m'avait dit de le faire, j'étais sûr que j'allais vivre. Nous voici arrivés à l'essentiel : tout est marchandage dans la vie », écrit-il après avoir avoué qu'il adorait marchander et avant de constater que « la mort, c'est la réconciliation ». Le lecteur est invité à créditer Guibert de sincérité lorsque ce dernier énonce ce qui paraît une banalité, mais justement ne l'est pas, car il tourne bel et bien son premier film : « Je changeais d'angle de prise de vue et sans rien lui demander je filmai Claudette Dumouchel. Elle était belle. Je filmai ses longues mains blanches qui pianotaient sur le clavier de l'ordinateur. Je filmai son visage dans cette lumière sublime. J'étais heureux. »

Comme Hervé Guibert et de la même manière que les patients de Gardanne et tant d'autres aussi, Foucault se sait en 1984 dans une incertaine fin de parcours. Il cherche en philosophe quelle est la meilleure façon de prendre soin de lui. Il interroge ce que les stoïciens nommaient « souci de soi » : « Le souci de soi a été, dans le monde gréco-romain, écrit-il, le mode dans lequel la liberté individuelle s'est réfléchie comme éthique. » Cela veut dire chercher comment prendre bien soin de soi dans cet instant. Il suggère en guise de réponse que « la libération du désir manifeste le souci de soi qui est la prise en main du sujet par lui-même »[1]. Ce qui permettra au malade de faire face à la maladie, c'est de lâcher son désir comme on lâche un fauve.

L'irruption de la liberté du désir dans la réflexion d'un homme se battant contre le mal qui le ronge nous renvoie à la fonction d'accompagnement. C'est que, vers la fin de la vie, tandis que la création artistique, la cuisine, les conversations et les diverses sorties vers le large, sont repérées par les demandes des patients de la Maison, le rôle accompagnateur consiste à

1. *Revista internacional de filosofia* n° 6, juillet-décembre 1984.

ouvrir la liberté du sujet. À mettre leurs désirs à portée des patients. On perçoit les fils de cette esthétique du comportement dans une belle part de l'offre d'accompagnement de notre centre de soins palliatifs provençal. L'accompagnement se compacte dans ce geste d'une extrême sensibilité, celui d'ouvrir pour les patients le champ du désir. Une infirmière me dit : « Nous tentons de capter le désir des [résidents] avant d'y répondre de façon ajustée ». Elle ajoute aussitôt : « Ce n'est pas si facile car le désir est souvent enfoui sous des couches de fatigue, de douleur ou de peur. Et comment déceler le désir sous ces alluvions contraires ? »

Une réunion de transmission à la Maison vient suggérer d'un clin d'œil discret les paradoxes du désir. Une aide-soignante rapporte qu'elle a passé un long moment à crémer et masser un patient qui lui a témoigné du vif plaisir que ce geste lui procurait. Un infirmier signale alors qu'il a passé, lui aussi, longtemps à crémer et masser le même patient la veille et avec autant d'intensité, mais sans recevoir de gratification. La principale qualité du désir est de porter sur une personne. Ce n'est pas tant le massage qui réveille ici le désir du patient, c'est la masseuse. Et chacun ne jouirait-il pas, comme Hervé Guibert, de filmer à son insu la si belle Claudette Dumouchel ?

Derniers mots

> « Sommes-nous condamnés à n'être que des débuts de vérité ? »
>
> René Char

Katia et la chimère

Depuis qu'elle est hospitalisée, Katia raconte. Son exil pour des raisons politiques, les aides qui lui ont été apportées à son arrivée en France, les foyers qui l'ont accueillie, les familles, les gens qu'elle a croisés et qui ont été secourables. Mais c'est surtout le temps d'avant qu'elle évoque, les milieux nantis au sein desquels elle évoluait, les résidences luxueuses et le mari, richissime. Dans le détail, c'est tout un monde derrière une vitrine, elle s'y est taillé un costume de princesse, elle s'y expose à vue. C'est comme un refrain qu'elle reprend pour chacun de nous, des étoiles dans les yeux, et pas mal de poudre jetée dans les nôtres. Convoqués par elle à regarder cette vie, nous voyons la chimère. C'est cela qu'elle choisit de dire et de montrer. Cette histoire la ficelle de plus en plus.

Quand elle s'aggrave vraiment, elle dit qu'elle voudrait parler. Je comprends qu'elle veut parler au plus près de sa vérité.

Un conte de Catherine Zarcate, *Les fils du vent*, me revient en mémoire. Je le lui raconte. C'est une allégorie. Il y est question d'une vision faisant apparaître la roue des différents visages et rôles que chacun a pris tout au long de son existence, selon les circonstances. Au centre un autre visage les sublime tous, qui est, dit le conte, celui de l'âme. Catherine Zarcate excelle à mener son histoire, j'essaie d'en transmettre la saveur à Katia. Le graal de la quête d'identité, à travers la roue des différents visages, serait donc d'atteindre au plus intime de soi. Cette part inconnue qui échappe à toute prise comme à toute tentative de définition. Pour l'approcher, un mode d'emploi allusif : il s'agirait de cerner les circonstances, les événements, les banalités aussi qui construisent le récit d'une vie, ensuite de se dégager de ces filets pour plonger le regard plus loin encore. Une présence, un autre visage de soi se laissera peut-être contacter, sans se dévoiler tout à fait. Katia est attentive, elle se tait. Entre nous, peu d'explications, peu de commentaires. Pas de retour sur émotion non plus, elle les a refroidies depuis longtemps, c'est même le prix de sa paix relative. Elle tâtonne. Finalement, elle attrape sa vie comme si elle en était l'observatrice, au plus près des faits. D'une voix de basse, avec son accent slave, elle se lance dans un récit qui durera plusieurs heures. Elle n'y met pas d'ordre, laisse remonter une scène, une autre, au fil des souvenirs qui lui reviennent et peu à peu tout se relie. C'est la vie d'avant son arrivée en France qui apparaît. Plus rien à voir avec une belle histoire, demeures et honneurs se sont évanouis. Elle cherche, précise des dates, des lieux, des gens, hésite, suspend son récit. Comme avec un zoom qu'elle éloigne et rapproche, elle en explore les différents angles, les grandes lignes et les détails. Elle dit, voix monocorde, le fracas de sa jeunesse, les violences subies. Celles qu'elle a exercées aussi. Ses ruses et ses coups retors, elle les regarde. Elle parle à distance des faits qu'elle évoque.

On peut écouter entre les deux oreilles, et même avec le corps entier. Nous restons en contact elle et moi par des signaux infimes et involontaires, un mouvement de tête, un changement de position, la respiration qui se suspend. Nous sommes sur une même fréquence. Katia ne demande pas le dialogue. Elle me constitue en témoin de ses traumatismes, de ses trahisons, de ses égarements, tous abandonnés en poste restante. Quand elle termine enfin, elle est lasse, je le suis aussi. Alors elle pose son regard dans le mien et détache un dernier mot du silence, « merci ». Elle se tait les trois jours suivants, puis murmure à l'oreille de Muriel qui la soigne : « Je meurs, je meurs, reste avec moi », quelques instants avant sa mort.

Elle s'est rassemblée dans son histoire, pour s'en délivrer peut-être, la considérer, l'assumer autant que possible. Avant de mourir elle aura eu besoin d'y revenir. Sa mémoire a restitué des fragments de vie jusque-là encryptés, une histoire décousue et les faits sont remontés, bruts de décoffrage. Sans émotions, il est bien tard pour réintégrer ce flux sauvage, elle a convoqué un témoin pour la recueillir dans son récit, et que le témoin n'en soit pas trop affecté. Elle peut signer sa vie, se présenter à sa mort. Elle dit « je », c'est sa vie, sa mort, elle en est le sujet quoi qu'il en soit. Le conte de Catherine Zarcate aura été un prétexte, un sous-texte, un pan de langage à partir duquel accrocher ses mots à elle, ses différents visages, ses vérités éparses. Nos visages proches, nos souffles accordés, notre attention mutuelle aiguisée ont fait support pour rassembler les fragments de sa vie singulière.

Lucien, l'histoire d'un secret de famille délivré

Pour Lucien, chambre 3, ça a eu lieu trois semaines avant la fin. « Il était temps », dit son fils en souriant, la grenade enfin dégoupillée d'un secret qui les habitait depuis toujours. Comme beaucoup de secrets, celui-ci était largement éventé. Le fils avait rassemblé des éléments glanés çà et là dans des réunions familiales, suffisamment pour savoir de quoi il en retournait. Il avait aussi, sans succès, questionné son père qui faisait mine de ne rien savoir d'événements qui s'étaient déroulés dans sa petite enfance. Le fils avait fini par penser qu'il était plus curieux que le père. Mais trois semaines avant de mourir, Lucien est pris d'une fièvre qui lui fait passer les bords, suite à une infection. Il n'est pas confus, quelques bribes mises à part d'une désorientation dans le temps, c'est bien le moins dans son état. Il parle, enfin. Il raconte ce qu'il a vécu, ces années qui ont suivi des drames familiaux dont il n'avait pas de souvenir direct, conscient. Ce qu'il a dû supporter d'en apprendre au travers d'allusions, de phrases lâchées devant lui dans son enfance et sa jeunesse, les ondes de choc du trauma se propageant lentement dans sa vie à lui. Celles de l'angoisse, un reste de honte, une vieille culpabilité. Et tout cela mêlé à la reconstruction de la famille, à sa restauration, ses joies, sa prospérité, tout ce maillage enfin des vies qui se font, se défont et se renouvellent.

Le poids du vieux secret pèse encore, il a continué à le porter sans partage jusqu'à ce jour. Il s'en est arrangé en le reléguant dans les lointains. La fièvre et ce qu'il pressent de sa fin imminente font tomber ses défenses. Le fils accompagne le père dans la parole, ils se racontent ensemble cette histoire d'avant l'histoire qui les a traversés l'un après l'autre, ils mettent bout à bout ce que l'un a vécu, ce que l'autre a pressenti. Le lendemain, la fièvre tombée, Lucien a, très net, le souvenir d'avoir lâché quelque chose. Il s'enquiert auprès de son fils : « Comment vas-tu avec ce que je t'ai raconté hier ? » Le fils rassure. Tout va bien et même tout va mieux. Il ne voit plus son père de la même façon. Il l'avait cru fuyant les réalités, un peu trouillard, souvent submergé, il comprend qu'il était tenu au secret, une vieille peur verrouillée au ventre. Toute sa vie, il avait supporté seul ses propres pensées concernant les drames.

« Ça change tout », dit le fils, venu se poser sur un fauteuil rouge dans le petit bureau où nous parlons, ça change tout de son regard sur son père. « On passe sa vie à côté de quelqu'un sans le connaître vraiment. »

Cependant, ce qu'il y a d'inconnu en chacun ne se solde pas toujours dans les dernières paroles. Et celles-ci, pour être ultimes, ne condensent pas forcément une sagesse, un message essentiel qui resterait à transmettre. Dans un film d'Emmanuelle Bercot, *De son vivant* (2021), le médecin recommande au patient en fin de vie cinq paroles essentielles à adresser à ses proches avant de mourir. « Pardon, je te pardonne, je t'aime, merci, au revoir. » Le patient, qui a de l'humour, lui demande s'il faut les prononcer dans cet ordre. Nous aimons tant les histoires bien bouclées ! Au revoir et merci. Pour autant, le dernier mot attendu n'est pas toujours tout à fait dit. Les vivants s'en débrouilleront ensuite, comme ils le peuvent.

Éliane, faire silence

Adrien a vingt-deux ans, il est étudiant en communication. Il a appris la valeur des échanges clairs, et aujourd'hui il attend de sa mère un viatique pour continuer à vivre. « Je voudrais qu'elle me parle, elle a certainement des choses à me dire avant de mourir, qu'elle me parle vraiment. » Quelque chose de plus. Encore. Une ultime parole, un dernier mot. Il fait de son mieux de son côté, bouleversant dans sa volonté d'apaisement, « vas-y, tu peux y aller, je suis prêt », il cherche à la rassurer. Mais il attend d'elle quelque chose qui ne viendra pas, pas comme il l'espérait. Éliane n'en peut plus. Elle n'a plus de forces ni d'envie, elle ne voit plus quoi ajouter. Elle a rassemblé toute son énergie ces derniers jours, ils s'aiment mais il lui faut mourir. « Je leur ai parlé, je leur ai dit adieu, et que je les aimais, je n'ai plus rien à dire, je voudrais me reposer maintenant. » Elle s'en va discrètement, se laisse partir, c'est sa manière à elle. Lui, il voudrait… quoi au juste ? Un dernier regard, un dernier mot, quelque chose encore. Il est endeuillé déjà, pas encore d'elle mais de ce qui lui manque à jamais, d'elle et de lui. Plus tard, il lui faudra trouver tout ce qui de sa mère s'est déposé en lui, bien plus que les derniers mots. Des traces qui la font vivante à travers lui. Mais pour l'heure il est inconsolable de cet inachèvement.

Au musée Granet à Aix-en-Provence, dans la collection Planque, il y a deux aquarelles de Cézanne, peintes à la fin de sa vie, elliptiques et presque abstraites, évoquant la montagne Sainte-Victoire par le vide plus que par le plein. Au cours d'une visite commentée, le conservateur du musée restitue de Cézanne ce geste qu'il avait dans nombre de ses œuvres de laisser un petit espace non peint, un bout de toile blanche. Pourtant, même inachevée, l'œuvre est aboutie dit-il.

Il y aurait eu encore à faire, à aimer et à dire, mais la vie s'interrompt, elle s'inachève souvent sans conclusion magistrale, laissant les derniers mots en suspens, à la manière de Cézanne, dans un espace laissé ouvert.

Le mythe du mourant prophétique

« Si tu exerces ce métier avec la satisfaction de donner et que tu ne penses pas à ce que tu reçois, il vaut mieux que tu en changes. Dans les métiers du soin, particulièrement en soins palliatifs, il faut avoir l'humilité de recevoir au cours d'un échange », m'assure l'un des médecins de la Maison. La relation des acteurs de la Maison avec leurs résidents passagers est fondée sur l'idée d'un échange tout en restant assez mystérieuse quant aux termes de l'échange. Il n'est pas indispensable de prétendre élucider quelque chose qui ressemblerait à un pacte donnant-donnant tant les postures des protagonistes sont inégales. Il ne s'agit peut-être pas d'un échange conventionnel d'ailleurs. On pourrait renvoyer la posture d'un résident de la Maison à celle du vagabond qui fait la manche face au riche passant; ou à celle de l'ermite solitaire en regard de l'institution religieuse majeure. Le contraste entre la vulnérabilité du solitaire devant sa mort et l'audace d'y faire face confère à celui-ci une stature d'autorité.

Dans le discours qui émane des relations entre soignants et patients, ce sont des gestes esquissés, des regards entendus, des paroles murmurées ou des détails infimes qui sont invoqués. Ce sont aussi des évocations du passé, des commentaires sur le présent, des blagues, des parties de rire ou des partages d'émotion. Mais il semble qu'il y ait davantage. Qu'est-ce qui explique de tels attitudes ou discours dont on ne sait d'où ils sortent ? S'agit-il du renoncement à la vie, perçu comme attitude de sagesse. Peut-être une bouleversante solitude renvoie-t-elle à celle de chacun. Peut-être autre chose. D'autres regards peuvent nous aider à partager ce mystère.

La personne qui se sait en train de mourir n'est certes pas plus douée qu'une autre pour prévoir l'avenir, comprendre le moment immédiat, anticiper gestes ou paroles qui s'imposent ou pénétrer les facéties du temps. Que l'on appelle cela magie de la parole ou disposition produite par l'entre-deux-mondes, il arrive que l'on crédite pourtant le mourant d'une vision par les travers qui n'est ni fruit d'expérience ni proximité du ciel, mais bénéfice d'un état qui, pour s'ouvrir sur un inconnu dramatique, modifie la relation aux gens et aux lois. Il en émane un discours qui mérite, parfois, qu'on lui tende l'oreille. Comme si l'incertitude absolue dans un surprenant silence traçait pour les regards humains quelques pistes ou des gestes maladroits permettant de voir ce qui nous entoure à l'abri de conventions, d'obligations ou de réserves.

On se gardera de suggérer que la personne qui s'approche de la mort dispose des clés d'interprétation des mystères de l'existence. Mais notre siècle peut se permettre un pas d'écart afin de bénéficier de la vision des mourants qui s'apparente à celle des enfants, des fous, des ancêtres ou des voyageurs solitaires. Il gagne à s'inspirer de l'incandescence des agonisants comme des stridences scéniques d'Antonin Artaud, de la liberté insolente du roi des Schnorrers ou de l'impétuosité de Greta Thunberg. Il ne s'agit pas de capter le fin mot de l'affaire, mais de considérer un point de vue.

« Quand la mort est annoncée, me rappelle un cuisinier, elle [peut engendrer] un moment de grande jouissance de la vie. » Grande jouissance et grande fatigue se mêlent dans le sentiment d'une urgence qu'induit la perception de la fin annoncée. « Une fois une patiente s'était attaquée à la copie d'un tableau », me raconte Alexandra, l'une des artistes qui accompagnent dans la durée les patients de la Maison. « Mais j'avais l'impression qu'elle venait aussi pour autre chose. Chaque jour elle progressait. J'avais l'impression que tant qu'elle travaillerait elle resterait en vie. Un jour elle est venue me dire que, ça y est, il est fini, je n'y touche plus. Et, deux jours après, elle nous a quittés. » De cette anecdote on repère déjà que le besoin pressant d'achever le boulot (si l'on peut dire) donne une mesure de l'intensité qui irriguait cette patiente.

L'éventuel message de la personne qui s'en va bénéficie d'une ultime pression qui aiguise l'attention. « Quand on est vraiment dans la vigilance et l'attention, on sent complètement cette humanité qu'on partage », me dit Chantal, l'une des inspiratrices de la Maison, à l'évocation de l'instant où la mort entre dans une chambre. « C'est quelque chose qui est presque animal. On sent très fort le départ de la personne et la porosité de la frontière. [...] On sent cet instant comme un moment de grâce qui relie à l'autre. » C'est ce moment de grâce qui relie à l'autre que je propose de saisir avec le concours de Rabelais.

Dans *Le tiers livre* (1546), Rabelais nous confronte avec l'incertitude portant sur une affaire triviale, c'est le côté burlesque qui lui revient. L'incertitude est une vraie question pour l'auteur dont on n'oubliera pas qu'il est médecin praticien, chercheur polyglotte, érudit de classicisme grec et romain et moine transgressif. C'est Panurge qui l'y invite, déclenchant doutes et questions chez ses amis tandis qu'il vient d'annoncer sa décision de se marier sans tarder, c'est l'affaire triviale qui va nous occuper. On avait connu Panurge festoyeur intrépide, guerrier invincible et compagnon fidèle, mais on n'avait jamais envisagé qu'il devienne bon mari et bon père. C'est pourtant son projet du jour. Il s'en ouvre à Pantagruel qui s'engage à deviner si ce sort conviendrait à son ami. *Le tiers livre* sera une exploration de l'intuition comme regard sur d'invisibles futurs.

Pantagruel incite Panurge à solliciter conseil. C'est ainsi que les deux compères accompagnés de copains, moines et autres soutiers, s'engagent, de visites en rencontres à deviner ce que le mariage réserverait à Panurge.

On commence par les célébrités philosophiques de l'époque, de Socrate à Diogène. Rien n'en sort. Panurge se laisse tenter par les dés, mais Pantagruel le dirige vers Virgile, d'où il ressort que la femme qu'il prendrait serait ribaude, le cocufierait et le volerait jusqu'à l'os. Panurge affirme le contraire jusqu'à ce que son ami lui suggère de tenter d'interpréter la voix de ses propres rêves. Il émerge des songes de Panurge un salmigondis onirique au grand désavantage du projet réduit à cornes au front et autres dépossessions. On se lance dans la cabale. On croit brûler lorsque Pantagruel recommande à Panurge d'aller voir la Sibylle de Panzoust d'où il ressort qu'« elle te traînera en terrible réputation, te fera cocu, volera tes biens et t'écorchera en prenant soin de te laisser vivant ». Finalement, Pantagruel ne disposant que de cette dernière ressource, recommande à Panurge d'aller rencontrer un homme en train de mourir, le poète Raminagrobis, qui est accessible non loin de là.

Pantagruel s'explique sur les vertus du discours de dernière minute d'un vivant en invoquant le chant du cygne. « Les cygnes, qui sont des oiseaux consacrés à Apollon, assure-t-il, ne chantent jamais sinon quand ils approchent de leur mort », insistant sur ce que le chant du cygne est « présage certain de sa mort prochaine, et ne meurt que préalablement il n'ait chanté. De même, les poëtes qui sont en protection d'Apollo, approchant de leur mort, ordinairement deviennent prophètes et chantent par apollinienne inspiration vaticinant les choses futures ». Voilà qui est clair. À l'instant où il n'a rien à perdre, le poète, maître dans l'art de la métaphore, est plutôt qualifié pour délivrer quelques intuitions sur « les choses futures ».

Pantagruel cherche de quelle façon nous, humains ordinaires, pouvons gratter l'écorce du monde de sorte à en approcher le cœur. Panurge et son improbable mariage sont un prétexte à philosopher. Il s'agit de bien se diriger dans l'existence, souci banal chez ce que nous savons des humains. Depuis l'interprétation par Joseph des songes de pharaons jusqu'à la Pythie de Delphes en passant par les lectures du zodiaque dans le journal du matin, du marc de café ou sur les lèvres de notre présent microscopique, nous, humains, ne cessons de chercher les signes d'un ultramonde permettant de voir à travers les touffeurs du présent ordinaire. Le poète en fin de parcours semble un choix raisonnable.

Pantagruel va d'ailleurs plus loin dans l'explication de ce que les mourants ont don de divination. Il reprend l'allégorie du voyage en insistant sur la phase finale de celui-ci : « Lorsqu'ils approchent du Havre et que par paroles et par gestes nous les saluons et les congratulons de ce qu'ils sont arrivés avec nous au port de sauvegarde, les Anges, les Héros, les bons Démons voyant les humains proches de leur mort, comme du port salutaire, le port de repos et de tranquillité, hors les troubles et sollicitudes terriennes, les saluent, les consolent, parlent avec eux. Et alors, ceux-ci entreprennent de leur communiquer l'art de divination. » Rabelais mêle facétie et philosophie, mais ne se dérobe pas. Les humains au seuil de leur mort sont des êtres libres d'attaches, de sentiments, de devoir, c'est ce qui leur assure un regard honnête, aigu et finalement pertinent. Il leur reste à savoir dire ce qu'ils voient. « Les Anges, les Héros, les bons Démons » qui disposent de ce rôle intermédiaire entre les humains et la divinité, leur enseignent l'art de divination. On ne saura si tous les mourants en bénéficient, mais rien ne réserve cet art à des personnages prédestinés. Ce qui produit leur prescience est double : la maîtrise de l'art divinatoire et la liberté que procure l'approche de la mort. Disons, comme Rabelais, « du Havre, du port de sauvegarde ».

Dans les paroles de celui qui va « prédire », on n'attendra pas seulement divination de choses à venir comme Rabelais en rapporte de fameux exemples. Il s'agit aussi de discours de sagesse, de philosophie, de bon sens et d'allégorie. N'oublions pas que le poète jouit et surtout fait jouir, selon l'auteur, du don de prophétie. La joyeuse bande qui, à la suite de Panurge, cherche une réponse au tourment marital de ce dernier, est ravie de bénéficier d'une leçon de qualité prophétique. Or voici ce que dit le poète mourant qu'est Raminagrobis afin de faire entendre raison à l'impulsif Panurge :

« Prenez-la, ne la prenez pas.
Si vous la prenez, c'est bien fait.
Si ne la prenez en effet,
Ce sera œuvré par compas.

Galopez, mais allez au pas.
Reculez, entrez-y de fait.
Prenez-la, ne [la prenez pas].

Jeunez, prenez double repas.
Défaites ce qui est refait.
Refaites ce qui est défait.
Souhaitez-lui vie et trépas.
Prenez-la, ne [la prenez pas][1]. »

Autrement dit, fais une chose ou son contraire, mais vas-y ! Dans le dernier vers qu'il reprend par deux fois sans pourtant l'achever, Raminagrobis confie à Panurge qu'il est libre, lui,

1. Afin de restituer au texte sa fluidité, je me suis permis d'en réécrire certaines expressions dans la langue contemporaine, ce qui le prive de l'insolence orthographique et stylistique de Rabelais qui en rajoute sur son insolence philosophique. Que le lecteur en profite pour revenir à la saveur de l'original.

Panurge, et que c'est à lui seul de décider sans recourir à divination, conseil ou prophétie. *Le tiers livre* continuera encore loin, mais le message de Raminagrobis est clair. Fais ce que tu veux, prends femme ou ne le fais pas, là n'est pas la réponse à ton tourment. Quoiqu'attaché à tout ce que tu sais et que tu aimes : tu es libre.

Raminagrobis n'est pas un matou patelin. Depuis la rive de sa mort imminente, il délivre le discours le plus inconfortable qui soit, un conseil aussi malicieux que cruel, un message de liberté : tout ça n'a guère d'importance, mon vieux. C'est à toi de voir. En d'autres termes et pour ce qui nous concerne, depuis ma mort imminente, dit Raminagrobis, je n'ai aucune conduite à suggérer. Cet avis qui n'en est pas un émane de certaines rencontres avec des patients en fin de parcours. C'est ce que je retiens de la conversation avec Madeleine tandis qu'elle interroge son existence sur le point de se boucler à l'aune de ces banalités décisives telles que : « Il aurait fallu prendre le temps de découvrir les qualités des autres. Arrêter de courir. Je ne sais pas après quoi on court. » Ou, ainsi que le chante Aragon, « le temps d'apprendre à vivre, il est déjà trop tard ».

D'attentifs observateurs formés à notre siècle analytique relèvent qu'il arrive que les personnes qui se savent en fin de vie passent par des phases déboussolées. Ce sont le déni d'abord, suivi par la colère, avant que survienne la tristesse, puis la résignation. Jusqu'à ce que, parfois, elles parviennent enfin à l'acceptation sereine de la mort. Si ces observations sont pertinentes, elles me semblent esquiver la confusion non dans le cœur du patient mais au cœur de la question qui lui est adressée. Elles ne prennent pas en compte la porosité de la frontière entre vie et mort à l'approche de cette dernière. Il n'y est pas fait mention de la lucidité de ceux qui partent, du regard tranchant où se confond l'urgence avec la tentation du silence. L'urgence silencieuse n'est pas un message, c'est ce qui permet d'en délivrer un (ou de ne pas le faire). C'est cette qualité d'urgence discrète qui permet à Antigone de tenir tête à Créon, de l'assurer qu'elle sait qu'elle a raison devant les dieux, que « c'est l'Hadès qui réclame ce rite », et surtout que « je suis faite pour partager l'amour et non la haine ». Depuis qu'elle a choisi de désobéir au régent de Thèbes, ce qu'elle dit et fait est frappé du sceau de la mort. Elle parle depuis sa propre mort, depuis cette intimité avec l'Hadès que, dès lors, elle peut invoquer. La puissance du message d'Antigone qui, vingt-cinq siècles plus tard, continue d'inspirer ceux qui lui tendent l'oreille, tient à ce qu'adolescente timide mais en pleine vitalité, elle parle depuis sa mort.

« Pour ce qui est de sentir venir sa mort, je me dis que la personne qui pourrait la sentir venir, c'est celle qui la vit. Quand une personne dit “ça y est, je vais mourir”, les choses ne se passent pas toujours comme ça. Mais on entend la personne. Il peut ne pas y avoir de signe clinique, de signe objectif. Oui, ça pourrait arriver, mais on n'a pas de signe prémortel. On entend la personne », répète ce médecin. Ce que disent les patients de la Maison est aussi divers que le sont les gens eux-mêmes. Aucun discours particulier du malade n'y est attendu ou même espéré, ni des discours de plainte, ni des discours métaphysiques, ni des discours d'espoir. Certains discours peuvent avoir cette tonalité, mais ils peuvent aussi porter sur les choses quotidiennes et personnelles de l'existence comme la politique, les arts, le match du lendemain, la peur ou la douleur. Il ressort de la pratique de la Maison que ce qui importe n'est pas de déchiffrer l'hypothétique contenu prophétique de celui qui va mourir, c'est de l'entendre.

Memento mori

« *Memento mori !* » est le cri que poussait un esclave de la Rome conquérante au retour du général vainqueur. Souviens-toi que tu mourras ! C'est un cri d'avertissement, presque une menace, un rappel ancré dans la philosophie d'un temps et d'un lieu. Il nous parle comme nous parlent aussi d'autres cris fondés sur d'autres philosophies, manières de voir et habitudes. C'est le bref et très partiel coup d'œil que nous allons tenter sur ces autres temps et autres lieux en miroir de ce que nous avons vu ou vécu dans la Maison de Gardanne.

« Je suis encore totalement épuisée », me dit Marie depuis l'unité 2 de ce centre de soins. D'abord elle me parle de Brooklyn, le chat gris qui la tracasse, puis d'une résidente voisine dont les cris mettent les soignants à l'épreuve, enfin de son état de santé : « Mais c'est la chimio qui fait ça. Parce que je suis en chimio maintenant, c'est une chimio qui ne s'arrête pas. Une nouvelle chimio, ça se prend en cachets. Je suis épuisée. Je me lève de mon lit pour aller dans mon fauteuil. Du fauteuil à mon lit. J'ai beaucoup de mal à… je me tiens partout quand je marche. J'ai des tremblements. C'est la chimio plus la morphine. Parce que j'ai eu trois cimentoplasties. On m'a injecté du ciment dans les vertèbres. Je ne pouvais plus marcher. Parce que j'ai des vertèbres cassées, elles sont fêlées. Je fais de l'ostéoporose à forte dose. C'est parce que j'ai pris beaucoup de Solupred et que ça n'aide pas. Il n'y a pas tant de moyens pour me soigner. »

« J'essaie de ne pas penser à mon avenir qui est un peu sombre d'après l'oncologue, ajoute Marie. Je préfère ne pas y penser. Je préfère ne pas en parler. » Si le constat de leur finitude offre aux humains la conscience qui prétend les distinguer des autres vivants, c'est que cette finitude prend régulièrement une tournure sensible et dispose même d'un nom qui se glisse partout où elle, la conscience, s'aventure : c'est la mort. Marie ne prononce pas le mot mais, à travers toutes les attaques finalement victorieuses qu'elle en subit, elle dit la mort. Je ne sais pas comment la mort s'adresse à ceux qu'elle s'apprête à rencontrer, mais j'imagine qu'elle revêt d'autant plus de présence qu'elle approche de l'impétrant qu'il soit malade en fin de vie, guerrier partant à l'assaut ou pilote de formule 1. Il n'est pas certain pour autant qu'elle tienne à se faire connaître, la mort, ni qu'elle assure la même humeur, les mêmes intentions pour chaque humain sur qui elle se penche. Dans le paysage dramatique des humains agit un personnage aux apparitions récurrentes et aux visages inattendus qui s'annonce comme la mort. Il approche à battements de tambour ou en murmurant son projet. Peut-être agit-il à son compte. Peut-être assure-t-il cette fonction terrible au nom d'une autre puissance, d'une divinité spécifique ou du destin ? La mort dispose de noms divers, de visages, d'anecdotes édifiantes, de caractères trempés. Ces noms et visages sont ceux qui rappellent à chacun : souviens-toi que tu mourras !

On la nomme la Grande Faucheuse dans le langage populaire local, elle est celle qui divise et maîtrise, la divinité Yama, dans l'Inde védique. Elle est Hadès, l'un des trois fils de Cronos, frère de Zeus et de Poséidon en Grèce antique. Selon les temps et les lieux, selon aussi la disposition de chaque humain à la laisser entrer dans son espace privé, la mort personnifiée prend part aux tribulations des gens ordinaires. Elle manifeste une puissance que nul ne conteste, va chercher ses proies où qu'elles se trouvent, les garde dans un au-delà magnifié qui varie en miroir de l'existence terrestre comme varient toutes les représentations au fil des aventures humaines. Certains discours tendent à attribuer à la divinité ou à l'esprit de la mort la charge de la disparition des êtres humains. Lorsqu'on voyage en terre monothéiste, la divinité globale multifonctions assure les tâches qui sont ailleurs dévolues à la divinité spécialisée de la mort : le moment, le jugement et la gestion du sort réservé aux uns et aux autres. On en arrive à prêter à la mort un caractère, des intentions, des soucis éthiques, des travers et des habitudes. Elle est l'un des visages de la Divine Providence en terre catholique. Son destin est d'intervenir chez les vivants pour leur rappeler son existence, son œuvre et son devoir indispensable au renouvellement de la vie.

Notre époque qui se prétend désenchantée ose quelque distance d'avec l'autorité de la mort, sa volonté d'agir ou ses caprices. La mort ne voudrait plus rien, prétend-on, elle ne viendrait plus jouer avec nous. Elle perdrait de son penchant intentionnel, qu'il soit punitif ou malicieux. Comme si elle avait cédé à un discours scientifique vulgarisé qui feindrait de tout expliquer, elle s'éclipse avec humilité de la tragédie humaine pour laisser place aux microbes ou aux virus, à la malchance, à la méchanceté des fauteurs de guerre ou aux mauvais comportements des conducteurs bourrés. Personne ne s'y trompe. Qu'elle arrive en rêve, dans des analyses médicales, par la douleur ou par des accès d'effroi, la mort apparaît d'autant plus dans les existences humaines que les humains ne disposent de rien d'autre pour se rappeler leur finitude. Elle accomplit ce qui lui revient et leur laisse, de part et d'autre de la ligne qu'elle trace, des choses à dire et à faire. Elle avertit. Elle effraie souvent, mais parfois soulage. Elle attend. Parfois, ne pouvant se retenir, elle précipite un peu.

Parmi les humains qui traversent des situations de grand risque mortel, que ce soit la guerre, l'alpinisme de haut vol, les épidémies surprises, la fureur des éléments ou l'emprunt de trajets hasardeux dans un bus déglingué, la conversation avec la mort est usage obligé. On se fabrique des talismans, on obéit à des rites auxquels on prétend ne pas croire, on prend des précautions d'une extrême rigueur, on prie, on se signe, on se fait des promesses définitives, on se jure de ne jamais plus y revenir. Ces rituels intimes engagent un dialogue qui donne présence à la mort. On parle de la mort comme d'un partenaire dangereux des jeux de la vie ou comme le partenaire d'un jeu dangereux avec lequel on a accepté de vivre. On parle de la mort comme d'un des acteurs d'un environnement dont elle est devenue indissociable. « Je viens ici depuis six ans, m'explique Dom. Pour plusieurs pathologies et il y a des pathologies qui empirent. Là, c'est pour une greffe du rein qui s'est mal passée. Le rein qui me restait a attaqué mon greffon. J'ai fait huit jours de réanimation. J'ai été très mal. Et j'ai fait huit jours de soins intensifs. Une fois, j'étais à l'hôpital de Toulon et j'avais de très mauvais chiffres. J'étais sur le point de partir. » La mort est tellement présente dans la Maison qu'on s'épargne de l'appeler toujours par son nom. Mais on le fait parfois.

Selon chaque situation, la mort prend une figure différente. Son caractère n'est pas le même selon que l'on est face à une guerre civile ou à une maladie contagieuse. La crainte et la fascination qu'elle déclenche ne sont pas les mêmes, les attitudes ou les discours qu'on invente en guise de ripostes ou de réponses diffèrent elles aussi. Parmi ces attitudes, l'une domine souvent, c'est celle de l'humilité, une déférence mêlée d'inquiétude, mais aussi d'attention au monde. On dira qu'on ne joue pas avec la mort comme on ne parle pas de corde dans la maison d'un pendu. On se méfie, on se garde d'elle, on fait attention. Et puis, on se rend à ses caprices. « Je suis devenu plus humble avec la mort », me dit Jean-Patrick qui ne sait que faire de cette insaisissable présence. « Je me dis que, aussi surprenant que ça paraisse, c'est pas moi qui décide. En tout cas, pas ici. »

La France du milieu du XIVe siècle et jusqu'au début du XVIe fut ravagée par les deux fléaux simultanés de la guerre de Cent Ans et des épidémies de peste. Ces catastrophes ont considérablement raboté la population permettant à chaque personne, dans le cours de ces siècles chargés, de rencontrer la mort en direct, la peur de la mort aussi, ses douleurs et ses chagrins. La mort ne s'est pas contentée de bouleverser la vie des gens, elle a imposé le visage de la souffrance, de la maladie, de l'effroi, de la maigreur : les yeux de l'inquiétude permanente, les odeurs de la putréfaction, l'horreur de la folie et des laisser-aller. Dans les églises et les monastères, on a cessé de rappeler aux vivants le souvenir de grands personnages endormis, mains jointes et paupières sereines. Les gens de la haute sont désormais représentés sous forme de cadavres décharnés. La mort a abandonné ses discours édifiants pour prendre le visage de la cynique prédatrice des faibles et des innocents. Ils deviennent, ces mourants anonymes, le visage de la mort qui rôde. On la raconte sous forme de danses macabres qui tracent des rondes grotesques autour des cadavres et introduisent des musiques grinçantes dans la tête des survivants provisoires. La mort quitte son abstraite figure allégorique pour devenir voisine, compagne, prophétesse et menace imminente. Sur les bas-reliefs, elle valse avec les vivants ; elle virevolte aussi bien avec les évêques et le pape, le roi et ses courtisans qu'avec les gens simples qui savent les pas de cette danse depuis tout petits. Dans les œuvres d'art religieux, elle rappelle : souviens-toi que tu mourras.

Au Mexique, le jeu avec la mort s'accommode des images véhiculées par le christianisme vainqueur sans se départir d'une joie de dérision qui répond aux représentations du colonisateur. Dans les semaines qui précèdent les dates festives de début novembre, dans les familles, dans les rues des villes, dans les écoles et sur les lieux de travail, de singulières figures viennent raconter aux vivants ce qui les attend. Ou du moins l'une des formes de ce qui les attend, celle du squelette qui valse, rit et s'encanaille. Le rappel prend l'allure d'une farce qui dédramatise le message. Une bonne humeur potache accompagne les cadeaux sous forme de squelettes ou de têtes de mort minuscules, des scènes festives font danser et rire ces humains réduits à leurs ossements secs dans des vies ordinaires dont les *calaveritas* (minitêtes de mort) sont les acteurs héroïques. Les vitrines des boulangeries s'animent dans des aventures d'outre-tombe. Des histoires s'engagent qui sont à la fois cocasses et sérieuses comme la mort l'est dans un pays dont la dimension tragique est nourrie de tradition espagnole, du drame des conquêtes et de messages d'outre-mort remontant d'une civilisation éradiquée. L'existence quotidienne s'expose au tragique de la mort violente sans que rien ne soit éludé de la joie cathartique qu'elle provoque.

Le discours sur la mort n'élimine pas celui qui a cours sur les dangers excitants de l'existence, le danger de vivre ou d'apprendre à vivre près de la mort. Ce jeu de vivre se manifeste par des aventures guerrières, sportives ou exploratoires des limites de la conscience. Il se frotte aux combats, à la chasse, à la météo, aux poisons ou à la vitesse automobile. Ces deux ordres de discours se rencontrent et se tressent souvent. Le jeu du risque de vivre fait dribbler le joueur avec le hasard. Le hasard et la mort se connaissant bien, leur complicité se joue des esquives raisonnables. On parle bien de la même chose lorsque les mots de mort et de hasard se rencontrent. D'ailleurs la mort joue aux échecs, on l'a vue dans un film, *Le septième sceau*, d'Ingmar Bergman, sorti en 1957.

Mon grand-père maternel a traversé la Première Guerre mondiale sans échapper à une seule de ses grandes batailles, du Chemin des Dames à Verdun. Il a épousé son infirmière avant de repartir au front, investissant, comme beaucoup des jeunes hommes, ses vingt ans dans une folie meurtrière totale. Il raconte avoir vu mourir des centaines de jeunes soldats autour de lui, dans la boue, le feu et le sang. « La mort ne voulait pas de moi », a-t-il commenté plus tard. Il est parti pour l'Égypte s'y faire oublier de la mort et publier ce qu'elle lui avait raconté et ce sur quoi elle n'avait rien à dire. Apollinaire n'a pas eu cette chance. Après avoir échappé de la même manière à l'absurdité assassine de la guerre, il a été démobilisé, a retrouvé son amoureuse et a succombé aussitôt à la grippe dite espagnole qui a dupliqué les chiffres de la guerre. Feignant de suggérer qu'elle s'en moque, la mort joue encore avec le hasard.

À Tananarive dans les années 1950, on entre dans la saison des « famadihana », entre juillet et septembre. J'ai entre huit et dix ans. Je crois déjà tout savoir de ce que l'on raconte du famadihana par l'esbroufe de mes copains de classe. On retourne les morts à intervalle régulier, m'assurent-ils. Les anciens qui ont le calendrier en tête décident de l'ordre de préséance. Les familiers restent hors du tombeau sauf ceux qui prennent le cadavre et le sortent pour en changer le linceul. On dit que ce qu'il en reste est un sac d'os sur lequel résistent quelques touffes de poils. Les linceuls s'appellent des *lambamena*, autrement dit des châles rouges. Les *lambamena* ne sont en fait ni rouges ni châles. Ce sont des pièces de soie grège de la dimension de ces écharpes dont hommes et femmes se couvrent les épaules sur les plateaux. Ils sont multicolores, souples et vifs. Les vivants sont habillés de coton simple, blanc et souvent usé. Les morts sont habillés de soie somptueuse et neuve. On prête attention aux morts car, s'intéressant aux vivants, ils interviennent dans leur existence avec malice, bonne humeur, bienveillance ou désir de vengeance. Il est habile de se les concilier. Une fois qu'on a choisi le mort qu'on va à la fois exhiber et distraire, on en dispose les morceaux sur une civière. Puis la petite troupe familiale qui peut comprendre une dizaine de supporters se met en branle. C'est là que je la retrouve, sur la route qui descend de chez moi vers la ville basse. Derrière l'ancêtre promené suivent les bientôt-morts qui ont mis le pied dans la porte et se comportent déjà comme des gens d'importance. Puis vient l'orchestre composé de fifres, de tambours, de clarinettes ou de violons. Les femmes chantent de leur voix de tête, les gosses courent autour de la procession, les voisins saluent. C'est la fête. Une fois le convoi revenu au tombeau, on recouchera le mort ou la morte sur son autre flanc pour lui éviter de se lasser ou de se faire mal. Et on passera au suivant.

Dans la Maison de Gardanne, la mort est un personnage familier, mais plus discret. Dans les premiers jours de ma présence en ce lieu, Mireille m'a signalé la petite flamme posée à proximité des chambres où la mort vient de passer. En feuilletant le livre d'or ouvert à la disposition des familles et des amis des résidents, j'en ai retrouvé les effets dans les tons du chagrin, de l'amour, de la surprise et surtout de la dignité. Dans les conversations, on utilise des métaphores ou des images. Dans les réunions de transmission, elle est dite. On tient compte de ses habitudes, de ses façons d'agir et des douleurs qu'elle engendre. On sait devoir la rencontrer tout au long de la journée et de l'année, car c'est pour sa rencontre avec les vivants que cette Maison a été bâtie.

« Le départ de quelqu'un est un moment extrêmement intime, me dit une infirmière coordinatrice. On entre dans la vie intime de la personne et de sa famille. Il faut être accepté dans ce cercle-là. Parce qu'on prépare les gens, les résidents et la famille à cet instant-là. » La base de l'accompagnement repose sur un rappel à l'inéluctabilité de la mort, le *memento mori*. L'un des visages de ce *motto* est celui de la terreur punitive qu'inspire la morale de bienséance. Le *memento mori* rappelle les vivants à la bonne conduite comme le fait la peur du gendarme à l'étage en dessous. Ce rappel suggère de se préparer par des exercices de sagesse, de contrôle de soi, d'abandon ou de ce qu'on voudra, à franchir l'étape avec élégance. De même que l'injonction de résignation, le *memento mori* crié au général romain vainqueur rappelle que la vie est une illusion de conquêtes aux effets dérisoires.

Chez aucun des partenaires de l'accompagnement je n'ai rencontré le moindre indice d'une leçon de mourir. Pas même quelques conseils pratiques, une réflexion originale, une attitude bénéfique. Une autre façon de prendre le *memento mori*, son second visage, est de considérer que, la mort étant prévue dans l'existence des vivants, se la dire permet de se rappeler que l'on est justement vivant. Le *memento mori* devient le délicat coup de gong qui signale de loin en loin qu'elle n'est pas encore chez nous, la mort, et qu'ici et maintenant sont les coordonnées de la vie dont il est urgent de saisir ce qu'elle offre. Se souvenir de l'imminence de la mort est une invitation à la vie.

II

La mise en œuvre de l'accompagnement

Le geste d'accompagnement est un geste concret. Il passe par des attitudes, des métiers, les règles et les pratiques de ces métiers, le fonctionnement d'une équipe ample et flexible. Parmi les questions qui se posent à ceux qui mettent en œuvre cet accompagnement, comment partager ce bout de chemin final, quelles qualités sont attachées au partage ? Mais aussi quel est le sens d'être créatif dans les moments ultimes ? Quelle place est donnée à la joie, à l'imaginaire, à la tristesse, au deuil et aux rites de la mort ? Comment fait-on ? Quel espace offrir aux enfants dans leur épreuve, comment accueillir la demande de mourir et d'où sort l'esprit d'un lieu où l'on vit d'autant plus intensément que l'on y meurt aussi ?

Accompagner, c'est marcher avec

Abordant le sens et les modalités de l'accompagnement, cette partie du livre traite de la fin de la vie en un instant où celle-ci est soumise à des mouvements contraires, celui d'un surinvestissement vital dû à la conscience de la mort contre celui de l'épuisement vital attaché aux effets de la souffrance et de la fatigue. Elle traite de ce qu'est la vie juste avant la mort et de ce qu'on peut en faire avec les autres, les voisins comme les lointains. Cette partie du livre raconte donc l'accompagnement des personnes qui sont au bout du rouleau et perçoivent ce qui se joue sans toujours pouvoir le dire ou savent ce qui les attend sans en mesurer les enjeux.

L'accompagnement confronte des gens qui sont aussi vivants que le lecteur, sauf que l'instant qu'ils traversent est un moment particulier de l'existence de l'un d'eux. Dans ce temps singulier, la conscience d'exister du patient peut être vive jusqu'à l'incandescence. Elle peut être intermittente, éphémère, silencieuse ou aussi absente. Il est possible que cette conscience ait parfois été floue, passagère, insouciante et que la perspective de s'engourdir dans la maladie puis de disparaître dans la mort la fasse jaillir. Voici qu'elle s'éveille. Il faut maintenant la mettre en œuvre.

Le croisement de la prescience de la mort avec la conscience d'être vivant définit un espace propre à ce que l'on pourrait nommer une méditation métaphysique ou bien un regard intérieur sur ce qu'il en est de vivre ou encore une poétique du vivant. Ce sont plusieurs façons intuitives de nommer l'accompagnement. Souvent il est question de souffrance dans cet entre-deux, de doutes aussi, de peur ou de solitude, mais pas toujours. Il y est également question de lutte, de joie et d'amitié. Chaque humain traverse cet instant à son heure, mais aussi à sa façon, avec le bagage qu'il a accumulé au fil des expériences, des histoires entendues, du hasard, des images conservées, des idées attrapées au vol et avec les vivants qui l'entourent dans cette occasion.

« Le métier de la Maison, c'est d'accompagner les résidents dans ce qu'il leur reste à vivre », m'explique, au début de mon parcours d'observation, l'une des anciennes de cette Maison, Fonfon. « On appartient à ce lieu singulier où l'on s'inspire d'une philosophie du soin. On apprend à se concentrer sur le résident, à s'adapter à chacun. On travaille en équipe mais avec beaucoup d'autonomie. On bosse. Des surprises arrivent à chaque instant. Il y a de la flexibilité et de la rigueur ». Le principe est que chacun traverse cet instant à sa manière, unique et singulière. Le respect de la singularité du patient est le point de départ de l'accompagnement.

L'accompagnement, « c'est marcher à côté de quelqu'un », me propose, de son côté, une infirmière sur un plan pratique. Presque tout y est dit. Ce qui est important pour l'instant, c'est que le quelqu'un est celui avec qui l'on partage son pain. Comme dans le mot copain, le compagnon est celui avec qui l'on partage sa nourriture, son repas, ce qui maintient en vie. Nous en resterions là si l'accompagnement qui nous occupe ne marchait pas dans la vie et vers la mort d'un des copains. Peut-être que le partage du pain est le prétexte de la brève amitié qui va lier les voyageurs. En tout cas, dans l'accompagnement, il se trouve des gens, du pain et un voyage. On n'accompagne pas dans l'immobilité, on n'accompagne guère sans rien dans les mains. Le pain prend l'allure d'une métaphore dont on dira que c'est ce qui permet de vivre jusqu'au lendemain. On accompagne vers quelque part et/ou pour quelque chose. Les voyageurs le découvriront en marchant.

Déjà l'accompagnement repose sur une inégalité relationnelle. Les partenaires ne sont pas enfermés dans des rôles de pouvoir ou de subordination, mais leurs postures sont réglées par une bizarre dissymétrie qu'orchestre la mort à venir. Les partenaires ne s'accompagnent pas réciproquement. Les postures des acteurs de l'accompagnement sont inégales.

Dans l'aventure d'accompagnement il est un accompagnateur et un accompagné. L'intérêt du geste, sa beauté aussi, sa dignité, ses difficultés enfin résident dans cette dissymétrie fondatrice. Nous la constatons tout au long de notre observation. Le geste d'accompagnement se compacte dans une sorte de conversation d'autant plus intense que l'on ne sait précisément sur quoi elle porte. Sauf que la dissymétrie tient à ce que l'on accompagne l'un des compagnons du voyage vers la mort, mais en sa pleine vivacité. Et qu'en dépit de cette dissymétrie, tous contribuent à et profitent de cette relation.

On voit mal, derrière des gestes et des paroles qui semblent aller de soi, lesquels sont au cœur de la relation et lesquels restent à sa périphérie. Les gens de la Maison de Gardanne offrent en partage l'usage ajusté d'un appareil médical, d'une considération, d'une délicatesse dénuée de commisération. La conversation entre les uns et les autres se perçoit au premier regard, mais qu'en est-il de son contenu, de son ton, de ses thèmes de prédilection ? Les patients qui viennent se faire soigner sont vivants. Ils parlent, agissent, réagissent, contribuent à personnaliser l'aventure d'accompagnement. Leur vitalité est parfois altérée par la souffrance, la stupeur ou la peur, mais elle est, le plus souvent, disponible. Pour ça, les gens du centre de soins expriment à l'égard de ces patients, non seulement de l'amitié et de la considération, mais aussi une étonnante gratitude.

La gratitude de l'équipe soignante à l'égard des patients a été la première surprise de mon observation. On cherchera ce qui mobilise soignants, auxiliaires, cuisiniers, médecins, donateurs, bénévoles, amis, familles, administratifs ou brancardiers à s'investir au fil des ans dans le geste, aussi élégant que désespéré, d'accompagner des humains lucides, vifs et entiers vers une mort proche. On cherchera donc ce qui motive la gratitude de ceux qui restent envers ceux qui sont partis et qui partent encore au fil des semaines. C'est une seconde interrogation, à moins que ce ne soit la même.

Disons donc que l'accompagnement des patients en fin de parcours prend la forme d'une conversation. C'est cette conversation qu'il s'agit de comprendre. Deux ou plusieurs personnes s'engagent dans un exercice qui les implique. Elles investissent ce qu'elles sont, qui elles sont, d'où elles parlent et pourquoi elles estiment important de travailler cet exercice indéfiniment. Il ne s'agit ni d'un échange de civilités, ni d'un débat spéculatif, ni d'une obéissance, ni d'une grandeur d'âme. Les protagonistes s'engagent comme on engage une relation amoureuse, une entreprise productive, un grand voyage ou un combat décisif, sans prétendre en soupçonner ni le parcours ni l'issue. La conversation est tout sauf attendue. Il s'y passe quelque chose d'absolument neuf, un drame s'y joue qui envisage en silence de transformer les locuteurs de cette conversation.

Les partenaires de la conversation sont en plans décalés. N'occupant pas la même posture, ils ne s'investissent pas de la même façon. D'un côté, le patient est entré dans une institution spécialisée pour se faire prendre en charge lors de la dernière étape de son existence, sans savoir ce qui l'attend tandis que ses jours sont comptés. Cette échéance imprime la densité de la conversation. Il habite un lieu de soins pour y capter ce qui peut l'aider à franchir cette dernière étape de l'existence. La volonté du patient n'est cependant pas toujours claire. Il arrive qu'il ne soit pas parvenu dans cet établissement par un choix raisonné ou une intuition sûre. Il arrive qu'il ait été placé là par un faisceau de décisions venues d'ailleurs, de sa famille, de médecins occasionnels, le hasard d'un lit disponible, un malentendu entre plusieurs formes du soin. Dans une insécurité émotionnelle face à un avenir immédiat intranquille, la décision qui amène un patient dans le centre peut engendrer des colères, des doutes, des frustrations. « Vous me cassez les couilles », répète en boucle Tonino qui se retrouve en soins palliatifs tandis qu'il n'a pas encore admis la gravité de son cancer du pancréas. Tonino n'est pas hostile, mais il est hébété par les traces indéchiffrables de son aventure. À l'inverse, certains patients qui ont choisi les soins palliatifs posent leur bagage dans ce lieu d'hospitalité et se concentrent sur ce qui vient.

Sur l'autre versant du dialogue, une équipe solide et solidaire engage de la compétence scientifique, de la générosité, son expérience de l'existence, des réseaux artistiques magnifiques et de la sensibilité au sort du patient. Haute compétence et considération pour la personne. L'engagement de l'équipe soignante comporte des conduites visant à maîtriser la douleur, mais aussi ce qui contribue à ouvrir le champ vital du patient, à lui permettre à travers rencontres et inventivité, lors des repas, des sorties, des moments de fête, de sublimer sa condition dans une autre langue que celle des relations ordinaires. Lorsqu'elle est engagée, cette conversation dure le temps de la présence du patient dans les murs de l'institution. Elle s'exprime en gestes des mains et du corps, en regards ou en sourires, en jeux, rires, bavardages, amitiés, joie et tristesse, impatiences et épuisements. C'est une conversation à la mesure de la proximité de la fin du voyage.

Cette conversation est sommée de s'inventer à partir de presque rien. Déjà elle a dû s'arracher au colloque singulier qui caractérise ordinairement la relation patient-médecin. C'est que l'opérateur des soins palliatifs s'est affranchi de l'ambition de guérir le patient, ce qui lui confère une disponibilité professionnelle et une autre ambition. La contribution de l'institution dispensatrice des soins s'est retirée derrière ceux d'entre ces soins qui peuvent permettre aux patients de vivre au mieux leur dernière tranche de vie. La médecine a toujours assuré cette fonction qui lui est intimement attachée. Mais elle l'a rarement fait de façon exclusive. L'entourage familial et amical aussi a toujours assuré cette fonction et, en ce qui le concerne, sans prétendre soigner au sens médical. L'entourage bénéficie pourtant de la reconnaissance récente de sa contribution aux soins de guérison, et surtout aux soins palliatifs. Depuis les années sida et pour des pathologies lourdes comme anodines, la famille, les amis, le milieu sont attendus comme contributifs du soin, de la raison d'être du système médical. Dans ce centre de soins, tous ces gens travaillent ensemble à l'accompagnement et les visites se font presque à toute heure.

Face à celui ou celle qui perçoit sa fin et s'en va, les autres sont ceux qui restent. De fait, tous ceux qui restent, qu'ils sachent ou non la proximité du départ, accompagnent celui qui s'en va. Il est curieux, le statut d'accompagnant. Certains accompagnants le sont par choix d'être avec, de soutenir, d'aider. Certains se trouvent là par hasard, par chance ou par obligation. Tous accompagnent car ne serait-ce que d'être là, à côté, par ici, contribue à accompagner. Certains contributeurs de l'accompagnement jouissent d'un statut défini. Le médecin, l'équipe soignante, la famille, le conjoint, les enfants, les amis chers, les voisins ont chacun un rôle à jouer, une feuille de route personnelle à suivre. La mort à venir du malade ou du proche dicte une conduite, déclenche des gestes et des paroles attendus ou improvisés. Tant qu'on est en zone connue, chaque rôle participe à l'accompagnement en fonction de ses habitudes locales ou familiales. Mais l'accompagnement déborde largement les habitudes attendues pour s'adapter à ce qui se présente par surprise. Ou, plus précisément, dans le cours de l'accompagnement tel qu'il se construit, se mêlent et s'entremêlent le médical et le familial, l'accidentel et le pérenne, le planifié et l'improvisé, l'émotionnel et le raisonnable, le tragique et le joyeux.

Dans un hôpital, une consultation de ville ou un centre de soins palliatifs, une part de l'accompagnement est médicale, une part est affective, une part est ludique et j'en oublie. Qu'il s'agisse d'amour, de chagrin ou de colère, la part affective est réputée celle des familles, des proches et des bénévoles. C'est aussi, d'une façon moins passionnelle, celle des artistes, passagers ou permanents. C'est celle de la cuisine, des agents de service, des visiteurs, des retours de vieux rêves. Mais cette part affective n'échappe pas aux soignants qui abordent, a priori, le parcours commun par une attention affectueuse. Elle joue sur des modulations. L'accompagnement affectif porte le meilleur et le suspect : le partage avec les êtres chers et les pressions passionnelles. Il apporte parfois la consolation et l'équilibre ; parfois l'angoisse.

La part ludique est celle de la présence artistique et de la contribution bénévole. Elle est aussi indispensable qu'elle est optionnelle. Elle assure la vitalité, l'ouverture des imaginaires, la diversion de la maladie et une autre façon de se la coltiner. Elle permet aux partenaires de la conversation de disposer d'une réserve tonique bien qu'épuisable d'énergie. Ceux qu'on appelle les aidants, amis, voisins, familles accompagnent d'une autre façon, mais leur contribution abonde celle des soignants.

La part médicale est hyper technique tout en s'ouvrant au partage, rigoureuse sans oublier d'être aimable, incertaine tout en cherchant au plus près. Elle donne le ton par un investissement collectif des soignants, un esprit de recherche au plus juste, une connaissance aussi précise qu'il est possible des patients. Les soignants ne s'arrêtent d'ailleurs pas aux patients et prolongent leur geste auprès des familles et des amis. L'accompagnement des proches continue au-delà de la mort du patient par les rituels de deuil, d'hommage ou de souvenir qui prolongent la conversation suspendue. Les gestes et les paroles, l'invitation aux rites qui importent à ceux qui restent, fait dès lors partie de l'accompagnement. La mort infléchit plus qu'elle n'interrompt l'élan d'accompagnement.

Aussi divers soient-ils, ces rôles sont dessinés, mesurés, associés. Ils sont formatés ou improvisés. Ils s'emboîtent et se complètent. Ils se répondent, se concertent ou pas, se laissent porter ou portent. Ils se fondent et se confondent les uns dans les autres de sorte qu'il est difficile de se tenir à une catégorie de gestes et de contributions. Ensemble ils constituent l'accompagnement générique. Et, à peine a-t-on distingué des catégories de rôles dans l'accompagnement qu'il convient de corriger pour insister que le moindre geste est pluriel par nature. Le médecin investit son émotion dans sa relation à celui qui part, il ne la quittera pas. La mère, l'ami, le fils, ne se contentent pas d'apporter la chaleur de leur présence, ils discutent avec les soignants, avec les institutions, les cuisiniers, les autres malades. Ils tentent d'interpréter les discours savants dans une langue partagée par l'univers du patient. Le musicien qui vient jouer dans le patio réjouit les cœurs, mais contribue aussi au soin avec l'humilité qui sied à l'instant et l'exigence d'une urgence qu'il traduit à sa façon. Une visite au musée, une promenade au long de la plage, un coup d'œil sur la Sainte-Victoire accompagnent.

Et puis, au bout du compte, tout ce qui vit et bouge autour de lui accompagne celui qui s'en va. Le chat de la voisine aperçu sur une gouttière, le jardinier dans le patio, le flic qui fait le pied de grue devant la synagogue dans un souvenir lointain, le prof dont on raconte une blague et qui à son tour évoque une situation, la nouvelle coiffure de l'aide-soignante qui vient d'entrer dans la chambre et le goût du café du matin, tout cela accompagne. Et pas seulement les gens car le temps de la saison, l'humidité de la salle de bains, le journal du jour, le dessin des nuages, une bribe de musique captée à la radio participent à l'accompagnement. Plus on laisse passer devant lui l'impondérable des jours et des gens, et mieux on accompagne le patient, plus celui-ci se sent en bonne compagnie. C'est le monde périphérique au patient qui l'accompagne. Tout le monde, y compris celui de l'histoire, du verbe, des désirs et des souvenirs. C'est l'univers entier qui accompagne celui qui s'en va dans un mouvement aux mille inflexions qui ne le quitte plus. L'univers n'en est pas à sa première expérience et le mourant soupçonne parfois qu'il y va de sa vie propre, mais aussi de tout ça : le cosmos, le temps et la mort elle-même. Le génie de l'accompagnement tient à ce que tout y contribue. Et l'art de l'accompagnement pour ceux dont c'est le métier ou l'occasion, dès lors qu'il est engagé, consiste à tracer des convergences et opérer des rencontres, à mobiliser les apparitions du monde jusqu'à en faire émerger une relation intime et délicate qui corresponde à ce que traverse le patient. C'est un art théâtral. De la poursuite de cet art, les accompagnants sont redevables aux patients en partance qui leur ouvrent ainsi le regard, le temps de partager un quignon de pain.

La présence des enfants

> « Sur le rivage des mondes sans fin, des enfants jouent »
>
> Rabindranath Tagore

Dans la chambre 6, Lili quatre ans, joue assise par terre. Elle invente des dialogues et des histoires, elle anime ses poupées. Il semble bien qu'elle soit dans son monde, juste à côté de Marianne, sa mère, étendue sur le lit. Marianne dort maintenant d'un sommeil inhabituel dont elle ne se réveillera pas. Elle a commencé à mourir, elle est en train de s'éloigner depuis hier, disent les soignants. Ils disent aussi « elle est toute petite », manière de souligner la déperdition, l'extinction de ses forces. Le père a proposé à la fillette de venir l'embrasser, de lui apporter un dessin qu'elle posera sur le lit près d'elle, il lui a dit comment est sa maman : elle ne pourra pas parler, elle aura l'air de dormir, elle ne peut plus continuer à vivre, la maladie est plus forte que tous les docteurs et tous les médicaments, c'est une très grosse maladie, ça arrive quelquefois. Lili est venue avec lui, elle a un peu hésité sur le seuil de la porte puis elle a posé son dessin près du visage de sa mère, un baiser sur sa joue, et elle s'est installée par terre pour jouer. Absorbée par son jeu, elle assiste à la conversation entre son père et nous. Avant même le sens des mots, il est probable qu'elle capte le rythme et la tonalité assez basse de notre échange. Nos voix en alternance font le récit des derniers jours, la présence des grands-parents, les amis qui allègent le quotidien.

La soignante s'approche de Marianne, lui humecte la bouche, modifie sa position dans le lit, attentive à d'éventuels signes d'intranquillité ou de souffrance. Elle lui parle, lui dit ce qu'elle est en train de faire, et Lili lève la tête, surprise peut-être qu'on puisse encore s'adresser à sa mère qui ne répond plus. Elle a, du coup, suspendu son jeu et suit tous les gestes du regard. La soignante lui propose de passer un linge humide sur les mains de sa maman. Lili veut bien. Elle s'y applique tout doucement, avec des gestes de souris.

C'est tout l'art de ces soignants de continuer à honorer la présence de Marianne en s'ancrant dans une humanité commune, ne réduisant pas la personne inconsciente à un corps chosifié ni les gestes de soin à leur seule utilité opératoire. Ce tact signe le pari que le sujet ne dégage pas illico dès que la mort arrive. C'est ce qui sauve chacun, patient, proches et soignants, du sordide et du pathos. On éprouve une atmosphère de délicatesse et de tendresse, comme un baume jusqu'au-delà de la mort.

Lili joue. La réalité lui arrive un peu assourdie. Ses dialogues inventés, ses onomatopées, ses mises en scène semblent traduire en partie ce qu'elle perçoit. Elle joue une autre réalité qu'elle contrôle. Les poupées obtempèrent à ses ordres, sont endormies mais se réveillent, couchées au sol et à nouveau en mouvement.

« L'acceptation de la réalité est sans fin ! » Le jeu de Lili est une sorte de négociation pour que la pression du monde externe, si douloureuse ici, ne pulvérise pas son monde interne, c'est ce que nous rappelle Winnicott dans son ouvrage *Jeu et réalité*[1]. Son jeu est vital pour elle, il la tient présente-absente

1. D. W. Winnicott, *Jeu et réalité*, Paris, Gallimard, 1986.

à sa mère mourante. C'est sa façon de prendre la tangente avec le réel. Ce serait invivable autrement.

Ici, pas de raisons hygiénistes qui l'écarteraient de la chambre et surtout pas la croyance qu'on pourrait la protéger en lui dissimulant la vérité. Pour autant, pas question de la laisser seule dans un maelström d'émotions et de sensations. Son père est pour elle dans une présence rassurante, il l'a préparée à cette visite, nous en avions parlé. Nous pouvons tenir la main de celui qui tient la main, indirectement. Cet assemblage souple de présences emboîtées, de la plus proche à la plus lointaine, soutient dans les moments traumatiques. L'attention des uns et des autres se déploie autour de la chambre de Marianne à la manière des ronds dans l'eau, dans les couloirs et le grand hall où Lili croisera d'autres soignants et des bénévoles amicaux, à la cuisine où elle trouvera refuge à l'heure du goûter. Tout s'agence au fur et à mesure, sans calculs ni méthodes, selon une vigilance intuitive. Dans la chambre, la soignante a expliqué à Lili des choses simples, le pourquoi d'une perfusion, le bruit de la seringue électrique, l'encens pour couvrir les odeurs, si souvent taboues mais que les plus petits osent interroger. « C'est à cause du pansement. » On propose à Lili un décodage à sa mesure. Voilà ce qui se passe, tu peux venir voir ta maman, l'embrasser et jouer à côté de nous.

Parce que son père n'a pas eu peur qu'elle vienne, alors elle a voulu venir, et elle demande à rester là, jouer dans cette chambre où les mots et les gestes tissent un support de sécurité. Malgré son jeune âge, c'est une personne entière qui décrypte le monde avec les éléments qu'on lui présente. La reléguer en marge de cet événement ne l'aiderait pas. Elle ferait comme si. Tout le monde ferait comme si. Qu'est-ce qu'une vie où on fait comme si ? Dans ce jeu de dupes, grave et désespéré, à la différence des adultes, elle n'aurait pas la possibilité de comprendre, mais juste celle de ressentir l'étrangeté de la situation avec la peur, la peine, le mal-être. Ces perceptions ne la lâcheraient guère, elle en chercherait la cause avec les explications qu'elle a sous la main : je n'ai pas été gentille ? on ne m'aime plus ? quelqu'un est en colère contre moi ? Aucune distraction ni réassurance ne la soulageraient durablement. Parler avec elle, avec des mots simples, c'est l'aider à s'orienter dans ce qu'elle a à vivre, pour mieux la soutenir.

Lili est avec son père auprès de sa mère. Venir, parler, jouer près de sa mère, au quotidien ou de temps en temps, chacun trouvera le rythme qui lui convient le mieux. Pour Lili, comme pour tous les enfants, il s'agit de rendre le monde intelligible et qu'elle puisse y développer son pouvoir d'action, à sa mesure. Aujourd'hui elle a apporté un dessin, elle a posé un baiser sur la joue de sa maman, elle lui a humecté les mains. Et elle se débrouille de la réalité du jour avec ses poupées qui meurent et puis revivent.

Actions minuscules au regard des puissances de vie et de mort mais qui la tiennent vivante et créatrice, présente tout entière dans sa vie en cet instant.

Faire équipe

Comme elle l'est de toute organisation culturelle, éducative, sociale, médicale ou productive, l'équipe est la cellule de base du geste d'accompagner. Une distinction vient d'emblée nous rappeler que, s'il est habituel qu'elle soit cellule de base de l'action, il l'est moins que l'équipe le soit aussi de la pensée. Cependant comme dans d'autres organisations, celle-ci rassemble des individus qui la composent dans une personnalité collective qui la transcende. L'équipe est un organisme vivant qui a retenu l'attention des sociologues et des anthropologues comme elle a bénéficié de la contribution des ornithologues, des entomologistes ou des biologistes.

Une équipe humaine se raconte par ses objectifs, sa méthode, ses petits ou grands rituels. Elle se nourrit de conflits plus ou moins avoués avec chefs et collègues et puis, en particulier, d'un paquet de faisceaux affectifs qui fait qu'elle avance, ou pas, à peu près éveillée sur sa route. Elle tente de concilier sens, intelligence, joies, productions diverses, esprit collectif, jeux de pouvoir et turbulences émotionnelles. Les modèles d'équipes qui ont, en Europe, servi à penser les entreprises du XIXe siècle de même que les associations ou les partis politiques sont cependant surtout l'armée et l'Église catholique. Cet héritage n'est pas léger, on l'imagine. La famille, qui ne ressemble apparemment en rien à une équipe est la troisième inspiratrice de cette idée instable. La référence la plus contemporaine de l'équipe est cependant l'équipe sportive dont l'esprit est crédité de ses résultats. L'hôpital est animé, à sa base, en équipes. C'est dire à quel point, lorsque l'on prête attention à la façon dont les soins sont dispensés, l'équipe est l'objet de toutes les sollicitudes, mais aussi justifiable de quelque prudence.

L'une des conquêtes de bien des institutions de soins palliatifs qui fait la fierté de ses personnels est la construction jamais achevée et toujours questionnée du travail d'équipe. Elle est la fierté des concepteurs de la Maison de Gardanne, des soignants de tous métiers, des amis et des médecins. En dépit de réserves, elle est dite sur tous les tons et visible en mainte situation. Pourtant cet édifice est aussi fragile qu'il contribue à l'inventivité de l'établissement qui nous a servi d'observatoire. Il est fragile pour avoir choisi de vivre dans la vulnérabilité d'un perpétuel ajustement, de s'adapter tant bien que mal à des situations chaotiques, des maladies compliquées et des personnes soumises à de puissantes turbulences. Cette instabilité est la contrepartie de ce que cet établissement attend des équipes qui la constituent. Il tente d'y investir un regard ouvert sur les missions qu'il se donne, une pratique scientifique rigoureuse, un goût du festif sans embarras et une tendresse pour l'humanité. Ce faisant, l'équipe s'invente encore et toujours, inlassablement.

L'exercice qui donne le mieux à voir une équipe est la réunion de transmission quotidienne de 14 heures à 15 heures. L'équipe y est un organisme en pleine vivacité. La réunion de transmission d'une unité de la Maison est une expérience dont la concentration évoque, toutes proportions gardées, une répétition d'orchestre à l'avant-veille de la première, un entraînement de rugby avant un match disputé ou le comité de rédaction d'un quotidien engagé. Les membres de la réunion arrivent tout près de son heure de début. Ils prennent place sur les canapés, les fauteuils, les chaises. Les interpellations sont joviales, les sourires accueillants, les commentaires blagueurs et affectueux. Certains occupent leur place préférée, d'autres se sont posés au petit bonheur la chance. On est contents de se retrouver.

Le port du masque en cette période de pandémie émousse à peine la spontanéité de la parole ; la règle de mise à distance prive ce rite professionnel des coutumes de contact physique entre les participants, épaule contre épaule, gestes de massage, chuchotements à l'oreille. Jamais d'appel téléphonique, pas plus de pianotage SMS. Une fois, deux soignants ont été abondamment appelés par le bipeur de patients en urgence. Certains que j'ai rencontrés me saluent d'un signe. En quelques minutes la pièce est pleine, les masques sur les visages signalent le caractère bizarre de la période. D'ailleurs, quelqu'un rappelle que tel et tel ne viendront pas afin de maintenir la jauge à son niveau prescrit.

Dans une des unités, c'est plutôt le médecin qui rythme la parole. Dans les autres, ce sont les coordinatrices. L'enjeu est de faire le point sur chaque patient. Tout professionnel ou régulier de la Maison sera entendu car on sait qu'à sa façon, il accompagne. Informations médicales, sociales, psychologiques ou anecdotiques sont également attendues. On prend garde à formuler et à transmettre la dynamique clinique de chaque patient, y compris sa contribution propre. Cette réunion, et donc le diagnostic en mouvement qui s'ensuit, poursuit ce mouvement par une confrontation récurrente avec le point de vue du patient. Ainsi que me le formule un médecin : « Ce qui ressort de la réunion de transmission est le produit de ce qu'a dit le malade. On en a fait une synthèse. Le malade reçoit de fait cette synthèse lorsque deux ou trois personnes entrent dans sa chambre et pas plus. »

Au cours des réunions de transmission dont j'ai été témoin, la concentration était forte, les échanges francs, les interventions spontanées, la parole fluide. L'autorité des médecins se manifeste par l'évidence du ton, parfois par sa précision clinique. Les aides-soignants sont considérés et leur contribution attendue. Les infirmières jouissent de respect, de même qu'ostéopathes, kinés, artistes, animatrices, psychologues, autres. Les agents d'entretien sont entendus et leur point de vue considéré du fait de l'intimité joviale qu'elles savent engager avec les patients. Voici un exemple parmi tant d'autres de dialogue entre professionnels au cours d'une réunion de transmission, le 26 janvier 2021.

« J'ai vu unetelle. Elle était très joyeuse. On a fait sa toilette. Elle n'a pas été douloureuse. Elle a des hématomes sur les jambes et sur les fesses.

— Pas de coagulations ?…

— …

— Elle a changé au niveau du visage ! Au niveau du sacrum, c'est scalpé.

— Cette dame, elle se dégrade très vite. Je pense qu'elle nous quittera dans quelques jours. Elle avait le regard vif, mais noir.

— J'ai reçu son mari et sa fille. On a eu un bel échange. Le mari a du mal à se positionner. On voit qu'il s'est fortement investi dans le soin. Il dit : “On a fait…” Avec sa fille nous avons eu un bel échange. Elle est très présente. Le beau-père et la fille ont une très belle relation. On lui a apporté son doudou d'enfance.

— Ce qui m'a interpellé, c'est qu'on n'a parlé qu'au mari. Et que ça (le fait qu'elle ne s'en sortira pas) reste secret pour la malade comme pour sa fille. Ça fait longtemps qu'on nourrit l'espoir. Et, pendant ce temps, on ne parle jamais de la mort.

— Elle aime bien la musique classique aussi. Ils sont restés dans le noir dans la chambre à cause d'une panne. Ça manquait d'intimité.

— Mais il y a Radio Classique.

— Ça serait bien que nous ayons un abonnement pour les gens qui aiment la musique. »

Les paroles d'acteurs de la Maison qui suivent donnent une idée de certains aspects de la vie d'une équipe dans un établissement hospitalier qui traite de personnes en fin de vie. Tout d'abord, l'art de la coordination.

« Je passais du temps à ranger l'armoire à pharmacie et quand je le faisais je captais beaucoup de choses qui me permettaient de comprendre ce qui se passait dans l'équipe. Le fait de procéder à la commande de médicaments me donnait plein d'informations. On avait un classeur. Chaque patient avait une page. De refaire la page oblige à réfléchir aux traitements du patient. Faut-il changer, convaincre l'équipe ? J'ai adoré être responsable d'une équipe. Ça entraîne beaucoup de fatigue et ça se solde par la responsabilité. Ce qui me plaisait, c'est de me dire que tout le monde ne peut pas être au top, il faut s'en accommoder. J'ai d'abord appris que personne ne peut être au top, en tout cas pas en continu. Il faut donc chercher le top chez chacun. Et comment on vit ensemble. Que le top des uns entraîne les autres. Et comment l'équipe, sans que ça soit dit, est capable de soutenir chacun. »

La hiérarchie. Le mot hiérarchie combine le *hieros* grec qu'on traduit par « sacré » et *arkhein* qui veut dire « commander », mais évoque aussi les origines. Autrement dit la hiérarchie est l'autorité du sacré ou des origines, effet du double héritage papal et militaire venu de Rome. Elle évoque une organisation du type pyramidal au sommet de laquelle un organe diffuse, anime et finalement commande. Le besoin d'échanger et l'incertitude, tous deux inhérents au métier, expliquent cependant qu'une organisation de soins inventive cherche à se passer d'un fonctionnement autoritaire. Cet équilibre est difficile à maintenir. Une ancienne coordinatrice : « En même temps, depuis le début, une hiérarchie existe quand même. Nous avions voulu, au départ, faire fonctionner le centre sans hiérarchie. Très vite l'équipe [de l'ensemble des soignants] nous a rappelés à l'ordre. Elle nous a avertis qu'elle ne voulait pas tout décider. On peut dire que c'est une hiérarchie assez horizontale. Ça demande sans arrêt de se parler, de reprendre, de rectifier, de rediscuter. » L'expression de hiérarchie horizontale est un oxymore qui tente de remplacer l'invérifiable autorité du sacré par celle des matelots qui, sur le pont nuit et jour, manœuvrent du mieux qu'ils peuvent. On discute : « Il y avait une analyse de l'équipe soignante, quotidiennement. Comment on décrypte ça ? Que fait-on des caractères, des maladresses pour que patients et familles soient le mieux pris en charge possible ? Pour que, malgré la difficulté de la situation, on fasse au mieux qu'on peut ? »

« Certaines professionnelles considèrent que, de la part des médecins, elles n'attendent que des ordres. Mais on leur demande de ne pas être seulement factuelles dans les transmissions, d'élever le débat des transmissions au-delà des selles et des toilettes. Ce sont les équipes très soudées qui élèvent le débat, des équipes qui ont l'habitude du travail commun. Il faut leur laisser du temps car si on va trop vite, ça ne marche pas. »

Il résulte de l'effacement relatif de cette sacrée structure pyramidale une tendance à la prise en main de la dynamique collective par ses membres. Ils deviennent des personnalités qui parlent et qui font. L'équipe est d'autant plus solide que chacun de ses membres affirme sa personnalité singulière. Le fonctionnement de l'équipe comme art collectif d'équilibristes en vol : « Le fonctionnement de l'équipe et le rôle de chacun, c'est quelque chose qui se fait tout seul. Mais, quand on a besoin d'accorder quelque chose ou de disposer d'une information, on va avoir un entretien en face à face avec A. comme avec B. d'ailleurs. C'est fait de façon informelle et souvent à la demande des deux. »

« Ici nous avons la chance de pouvoir intervertir les rôles professionnels, poursuit une infirmière. Des infirmiers font le travail d'aides-soignants. Les bénévoles aident aux toilettes. Moi, il m'arrive souvent de faire des bilans. Après, il y a le faire. Si un soignant ne se sent pas de donner à manger à un patient qui risque une fausse route, un autre viendra prendre sa place. Ça se fait tout seul. »

Bien sûr, la transversalité de l'initiative et la fluidité de la décision reposent sur la détermination du médecin qui, lui, engage sa responsabilité dans cette équipe à voilure variable. C'est un médecin qui parle : « Ce qui se passe ici, c'est que si, au final, c'est le médecin qui prend les décisions de prescription ou pas, elles sont toujours motivées après réflexion avec l'équipe. Lorsqu'on décide d'arrêter un traitement, de diminuer ceci ou de suspendre une hydratation, c'est le fruit d'une réflexion partagée. Ou j'ai le ressenti des infirmières qui disent que, effectivement, chaque fois qu'on lui supprime l'hydratation, il s'encombre, il tousse… C'est un ensemble de choses. C'est moi qui réfléchis au niveau médical jusqu'à ce que l'avis des patients soit recueilli par les soignants. »

Un autre médecin de la Maison confirme : « Tous les membres de l'équipe contribuent à la définition du soin et à son administration. Parce que tu vas avoir une information pertinente par l'agent de service qui fait le ménage dans la chambre. Pas forcément par le psychologue et pas forcément par le médecin non plus. En mettant en commun les informations et en entendant les décisions qui sont prises ou les réflexions à leur sujet, tout le monde peut donner un retour au patient. Ce qui n'est pas le cas lorsqu'on fait les visites dans les chambres. Parce qu'au cours d'une visite, on ne peut pas se parler. »

Il est hasardeux de savoir si la vigueur de l'esprit d'équipe vient de la personnalité du directeur, de l'origine militante de l'établissement, de l'air du temps ou de l'imminence de la mort, mais le respect accordé aux professionnels l'est en toute confiance. La confiance est ici un des ingrédients de l'esprit d'équipe. Elle irrigue de proche en proche l'ensemble des acteurs de l'établissement, qu'ils soient formellement organisés ou pas. Elle est assortie de vigilance, parfois aussi de coups de gueule. En retour, les professionnels jouissent non seulement de cette confiance, mais d'un bel outil de travail. Si le directeur envisage une innovation, il en lance le principe, explique le projet, le confie aux équipes et aux professionnels à qui il laisse la bride sur le cou. Si le projet foire, le directeur ira y voir de près, se fâchera ou battra sa coulpe. Le directeur est respecté dans sa prestation de médecin, estimé dans l'animation de l'établissement, craint pour ses colères, attendu dans les situations compliquées. C'est le retour de la confiance accordée.

L'attention portée au bien-être du collectif des soins est la marque du directeur : « C'est l'équipe qui est au cœur de la qualité du soin. La priorité c'est la santé de l'équipe. Il faut une équipe saine. Si tu mets comme priorité la santé des malades, tu vas culpabiliser les personnels et tu auras plus de mal à faire admettre une conception du soin engagée. Engageante. Une conception du soin qui repose sur l'investissement profond et entier de chacun. La priorité, c'est une équipe saine. Et les équipes ne sont jamais saines en permanence. Elles ont des hauts et des bas. Le contraire de sain n'est pas malsain. Quand une équipe n'est pas saine, ce peut être parce qu'elle est fatiguée ou malade ou qu'elle souffre, qu'elle est en difficulté. Elle peut avoir du mal à exprimer sa propre souffrance face à des prises en charge compliquées. »

Le directeur joue un rôle apparenté à l'esprit d'entreprise des débuts du Nouveau Monde : on se décarcasse, on bagarre pour les collectifs du soin, on ose, on fait. Un des aspects de cet esprit d'entreprise a trait à son inclination pour le dialogue avec le dehors. Le directeur rencontre quiconque fait résonner cet établissement dans son environnement géographique, professionnel ou culturel. Il trouve les compléments financiers permettant de mieux rémunérer certains personnels, de disposer d'un matériel médical impeccable, d'animer avec d'autres des réseaux locaux et de faire connaître le sens, la contribution sociale et scientifique des soins palliatifs. Il en résulte finalement cet inimitable esprit, le même qui fait les succès d'une bande de chercheurs dans un sous-sol universitaire ou déclenche la victoire des joueurs de sports collectifs. Cet esprit facétieux est partout où on ne l'attend pas : « Cela nécessite que, quand l'autre est en difficulté, quelqu'un se joigne à lui pour débrouiller la difficulté. Il faut être prudent. Il faut se parler, aller au-delà de la manifestation d'un désaccord et chercher à aider. Qu'on essaie de décortiquer ce qui ne va pas. Cela ne peut se faire que si tout le monde est attentif à chacun. »

« Ici, insiste une bénévole, l'engagement dure dans le temps à cause du sentiment d'appartenir. Ce n'est pas seulement un sentiment, c'est aussi une confiance. Quand je te parlais de sorties, c'est parfois rock'n'roll. On part quand même seul ou à deux. Avec des gens qui sont très vulnérables. Qui décèdent parfois le lendemain. Avec lesquels on a quelquefois des épisodes compliqués. » Et puis, « l'un des plaisirs, ici, c'est de se retrouver avec des gens sympas. Parce qu'on est dans un lieu accueillant. C'est rare qu'on croise des gens qui font la gueule. C'est aussi l'entente avec le groupe. C'est aussi que les journées sont toutes différentes les unes des autres. »

L'humeur d'un collectif médical dédié à la fin de la vie n'est pas une navigation tranquille. Elle est traversée d'émotions qui dessinent la toile de fond de la scène, bouleversent par surprise et réclament la connivence d'amitiés délicates : « Quelqu'un est resté neuf jours ici. Il a vécu intensément ces neuf jours parce qu'il sentait qu'il y avait quelque chose qui courait intensément en lui. Il avait besoin de comprendre des choses avant de partir.

Et neuf jours, c'est très court. Mais, en même temps, la personne en question s'est saisie de l'occasion qu'on lui offrait. Elle était très présente dans les demandes qu'elle adressait à chacun d'entre nous, dans les rencontres qu'elle avait avec nous. Je ne sais pas si c'est elle qui a tracé son propre chemin, mais nous avons suivi l'élan qu'elle a imprimé en nous et dans le groupe. Dans ce cas, il y a des rencontres avec quasi tous ses membres, les soignants, la psychologue, les bénévoles, les médecins, moi. Dans ce cas, on se concerte, en particulier au moment de la réunion de transmission. Et après, chacun connaît sa place et son rôle. Cet homme était assez pudique, il avait de la pudeur dans ses attitudes, dans les mots qu'il employait, et cette pudeur nous a enveloppés. Les soignants ont vite fait le partage entre ce qu'ils pouvaient partager et ce que lui ne voulait pas partager. C'était joli et c'était un moment très sensible. Il est mort, c'étaient les derniers jours de sa vie. Il a traversé une succession d'épreuves qui l'ont transformé. Je ne sais pas s'il a été différent au bout de ce chemin de ce qu'il avait été en y entrant. Il est resté pudique. Il a gardé son style. »

Ces bouleversements intimes et intenses signalent peut-être au patient qu'il approche le bout du rouleau. En retour, ce qui permet à l'équipe d'y faire face est son extension au-delà des soignants. Du fait des règles sanitaires dues à la pandémie de Covid-19, je n'ai pas assisté aux transmissions habituelles comprenant les artistes habitués à s'exposer dans la Maison ou des bénévoles lui assurant une présence efficace. Mais globalement, une équipe comprend un cœur composé de ses soignants : médecins, aides-soignants, infirmières, psychologues, kinés, cuisiniers et quelques professionnels occasionnels. Elle comprend aussi une périphérie dessinée en cercles concentriques, deuxième ou une troisième ligne de soin. Ce sont, selon les cas, les familles, les bénévoles, les artistes et intervenants de passage, les agents de service, les amis des résidents et leurs visiteurs, les médecins hospitaliers avec lesquels le contact reste nourri, les donateurs anonymes, les agences de santé publique. Elle comprend également les ostéopathes, les art-thérapeutes, les esthéticiennes, tous ces acteurs qui, pour être occasionnels, assurent la régularité. Ils sont la part de l'équipe inégale qui se joint à sa périphérie pour formuler un collectif complexe. Ce collectif complexe constitue l'équipe d'accompagnement devenu homogène bien que diverse. Pour être complet, il faudrait ajouter le bâtiment du centre, le climat, les saisons, les souvenirs et les rêves de chacun ainsi que Brooklyn, le chat gris qui connaît tout le monde et fait parfois figure de patron caché.

Par exemple, les familles. Une coordinatrice : « Les familles, les proches, c'est super important aussi. Comme contributeurs du soin et médiateurs. C'est souvent qu'on a des familles en difficulté et qui ressentent de la défiance et de la colère. Ça bouscule. Je dis qu'il faut aller les chercher. Sinon, ils passent de façon furtive, ils rasent les murs. Il faut aller les chercher et dire, OK, on est là. Faut qu'on se parle, qu'on vous explique le lieu. Souvent ça désamorce. Juste d'aller vers l'autre. D'aller vers les familles, c'est très important. Il arrive qu'on fasse des réunions familiales. En présence du résident ou pas. »

Tous ces professionnels, tous ces gens remarquables et ordinaires concourent à l'accompagnement des résidents par leur compétence propre, mais aussi par la qualité des relations qu'ils entretiennent entre eux, entre eux et les patients, entre eux et le reste du monde. Entre les soignants et les artistes, entre les familles et les bénévoles, entre les cuisiniers et les patients, entre les bénévoles et les musiciens, entre les voisins et les visiteurs, entre les agents de service et les tableaux d'une exposition, entre les musiciens et les résidents, entre les médecins et le temps qu'il fait. C'est du faisceau de ces relations qu'on attend un mouvement collectif large. On n'en est pas encore là dans la Maison de Gardanne. Mais tous ces accompagnants divers réinventent en continu une idée d'équipe ouverte, solidaire et flexible. Ce n'est pas tant la collaboration des gens qui fait corps collectif, c'est la convergence instable de leurs relations vives.

Gentillesse et vigilance

Si l'on consulte le grand livre d'or mis à disposition des commentaires des familles, si l'on pose la question aux résidents ou si l'on attend qu'ils se livrent eux-mêmes sur l'ambiance du lieu, tous ou presque, familles comme patients commencent par la gentillesse. On reçoit cependant ce compliment massif avec prudence car la gentillesse jouit, chez nous gens d'Occident, d'une réputation ambiguë, voire dépréciative. Elle n'incite pas à l'écriture d'ouvrages savants ou romanesques comme le font l'amitié, le courage ou l'amour. Elle n'a jamais été un argument politique rassembleur comme la fraternité dont elle s'approche pourtant. Elle dérange les sources langagières de notre petite enfance où elle se confond avec l'obéissance aux injonctions parentales ou à la faiblesse de caractère. Il n'est pas sûr que le mépris dont notre culture enveloppe la gentillesse soit si clair. Il n'est pas non plus sûr qu'il soit partagé. J'ai le souvenir d'une conversation avec une étudiante camerounaise sur le point de rentrer chez elle pour y exercer le métier de pilote de ligne et à qui je demandais quelle était la qualité humaine la plus appréciée dans sa région d'Afrique. Elle m'avait répondu après brève réflexion que c'était la gentillesse. Notre civilisation fondée maintenant sur la gagne et l'efficacité a discrètement remisé la gentillesse au sous-sol des perdants. La confrontation avec la proximité de la mort remet cependant les pendules des pratiques humaines à l'heure des émotions élémentaires car la gentillesse des autres est nécessaire à la digne vie de certains.

La formulation la plus convaincante que j'ai entendue de la gentillesse dans la Maison de Gardanne m'est parvenue par le fils et la fille d'une résidente pas ordinaire. Les enfants de cette dame, qui vivait au moment de notre conversation ses dernières heures, insistaient sur deux traits de la personnalité de leur mère. Le premier tenait à sa qualité déroutante de surdouée. Cet étrange destin lui avait valu un burn-out rédempteur avant qu'elle se fasse attraper par un cancer qui ne lui laissait plus aucune chance. Dans ces épreuves, elle avait fait montre d'une solidité rare, c'était là son second trait remarquable. Ce qu'elle avait découvert dans ce centre de soins palliatifs était cette phrase simple qui disait, selon son fils, que « les derniers mots que j'ai entendus d'elle ici, c'est qu'elle était contente parce qu'ici, elle apprenait à être un bébé. "Ici, on s'occupe de moi comme d'un bébé. Et, ici, ils le font avec humanité et avec respect." Même si notre mère ne parle plus, les infirmières, les aides-soignantes, et les médecins viennent lui dire bonjour, lui parler. Ils lui disent bonjour et au revoir bien qu'elle n'entende pas. » C'est ainsi que je comprends ici la gentillesse.

L'expression selon laquelle « on s'occupe de moi comme d'un bébé » n'a rien à voir avec la condescendance qui lubrifie le travail de certains soignants sous pression. Ce que cette dame appréciait, si j'ai bien compris ses enfants, c'était une combinaison d'affection inconditionnelle et de précaution face à la fragilité d'un corps vulnérable et magnifiquement vivant. Ainsi, cette dame apprenait-elle à accepter à la fois sa condition et la réponse offerte par la gentillesse. On retrouve des expressions comparables en mainte occasion. Chez un patient installé de longue date dans cette même institution, je découvre au cours d'une conversation, lorsqu'il cherche à s'assurer de ce qui nous lie dans l'instant, la même attente de gentillesse.

En préambule, ce patient a lui aussi évoqué la gentillesse des personnes qui s'occupent de lui : « Ici, ce que je trouve bien, c'est que les gens sont gentils. » Si je lui demande de préciser, il se plie au jeu pour signaler : « Ce qui m'importe le plus dans l'accompagnement, c'est qu'on me fasse fumer une… ou deux cigarettes, dans le patio. » Comme je lui en demande plus, il donne volontiers de l'amplitude à la gentillesse. D'ailleurs, notre ami ne réserve pas cette gentillesse aux soignants : « Ici, j'ai une amie parmi les résidents, Aïcha. Dans l'équipe des soignants, j'avais une amie, mais elle est partie. On s'entendait bien. Ça veut dire, elle comprenait bien qui j'étais et je comprenais bien qui elle était. » À travers la réciprocité dont il fait état, on entend que la gentillesse est le ferment de l'amitié, et que l'amitié pourrait se découvrir partout.

Si l'on tire sur ce fil ténu, on entend certains patients évoquer la gentillesse avec des mots qui en nettoient la mauvaise réputation. « On sent qu'on est l'objet d'attention », me confie l'un d'eux, Marcel. « C'est très sensible et très appréciable. C'est une attention sur moi, Marcel. On a l'impression d'être connu. On vous appelle toujours par votre prénom. On n'est pas un numéro de chambre. Chaque fois qu'on voit une infirmière, on a l'impression qu'elle vous connaît. La gentillesse, ça veut dire qu'elle s'intéresse à vous, à qui vous étiez, à ce que vous faisiez. » Nous trouvons ici, dans la bouche de ce Marcel qui a été pour sa part pilote d'avions de chasse, la gentillesse élevée au rang d'une des qualités à peine raréfiées de la médecine moderne. Il s'agit même d'une qualité qui est un objet d'espérance jamais prononcé par les malades, celle d'être reconnu comme une personne entière comprenant présent, passé et futur, mérites et travers. Et aussi peut-être corps, psychisme et mental, joie et tristesse, une reconnaissance aussi banale qu'elle est impérieuse. Un peu plus loin dans notre conversation, Marcel me livre l'idée de délicatesse que j'attendais au voisinage de la gentillesse. « Pour ce qui est de l'efficacité, ajoute-t-il donc, il y a des attentions très délicates. Par exemple, quand vous déjeunez au restaurant, il y a une aide-soignante qui déjeune avec vous. Et, pour les toilettes, c'est en général quelque chose qui se passe très bien. Il n'y a aucun geste à déplorer. »

Tout proche de la délicatesse se cache un sentiment qui tient de l'équanimité ou du bon sens. C'est Madeleine qui m'en parle au cours d'une conversation qui a traité de bien des aspects de son existence, de son enfance à sa maladie. Maintenant elle parle de la Maison. « On vit dans une société où l'on ne nous apprend pas à être conciliants », me glisse-t-elle en guise d'introduction. Avant d'ajouter : « Ce qui m'attache le plus à ce lieu, c'est le calme. […] En ce moment on a une chanteuse qui crie jour et nuit et, vraiment, les infirmières et les aides-soignantes gardent leur calme. Tout le monde essaie de comprendre. » Et Madeleine d'ajouter sur un mode à la fois politique et proche d'une compréhension élémentaire de la santé souvent traitée avec dédain : « Pourquoi on ne passe pas plus de temps pour vivre et pour comprendre ce que c'est de vivre. […] Parce que l'humanité, c'est de l'affectif. C'est ce que recherchent les êtres humains. Ils en ont besoin. C'est essentiel comme de respirer. »

Le centre de soins apprend à diffuser l'attention fragile à l'autre qui se dit gentillesse. On est attentionné et on est attentif. On y prête attention au désir et à la sensibilité du patient. « Ici, les gens sont super attentifs », me dit Dom, résident fréquent. C'est en ces termes qu'il évoque d'abord les bénévoles : « Elles sont vraiment attentionnées. » Il précise, s'agissant maintenant des soignants, le sens que recouvre pour lui cette attention : « À chaque fois, ils m'ont récupéré en miettes. J'ai une nature à reprendre du poil de la bête assez vite. Mais ils sont là. Ils vous forcent à bouger. Ils sont attentionnés ; si vous voulez dormir, ils vous laissent dormir.

J'ai besoin de faire de la rééducation, ils vont me trouver un centre où je puisse la faire. Une fois, je me suis fait remettre en place par le médecin parce que je disais qu'il fallait que je laisse la place à d'autres qui seraient plus malades que moi. Il m'a répondu : "Tu es malade, tu ne te rends pas compte de ce que tu as. Tu ne partiras pas tant que tu ne seras pas bien. Ne reviens plus là-dessus." Carré ! » L'attention s'éloigne de la gentillesse bienséante réduite à une minimale politesse passive. Il est possible que le médecin n'ait pas insisté avec le sourire sur le besoin qu'a Dom de soins, mais il lui signale qu'en tant que médecin il fait attention à lui, à qui il est et où il en est.

« Ce que nous apprenons des résidents, cela concerne tout le monde », me confie Chantal, l'une des fondatrices de ce lieu original. « Et cela concerne toute la vie, pas seulement la fin de la vie. On a tous envie d'être considérés comme entiers jusqu'au bout et qu'il existe des gens qui veuillent bien avoir cette attention-là. Parce que ça tient juste à ça. Ça se résume à ça, l'accompagnement », continue-t-elle. « Et c'est tout le temps. C'est un travail de vie constant. On voit bien autour de nous que, quand quelqu'un est fatigué ou malade, on ne fait plus attention à lui, déjà par la façon dont on lui parle. On ne fait plus attention à ce que la personne voudrait. Quand quelqu'un est fatigué ou malade, on est vite distancié de sa personne. De regarder l'autre, lui demander ce qu'il veut. Lui expliquer où il est. L'inviter à prendre part. Voir l'autre ! » C'est dans cette direction qu'on trouve la gentillesse. Au carrefour où elle capte l'attention pour devenir vigilance partageuse.

Cette vigilance partageuse est mise en scène dans le film *Les sept samouraïs* sorti en 1954 sur les écrans. Akira Kurosawa, admirable conteur de la droiture éthique comme de la guerre, y filme une vigilance collective, celle du village, face à la menace des prédateurs. Il y filme aussi une vigilance éthique du partage, animant les samouraïs vis-à-vis de villageois vulnérables.

Enfin il attrape au passage une vigilance de guerriers dans l'art de la bataille. Dans l'instant du combat, celle-ci est assurée par une attention labile portant sur les forces et les vulnérabilités immédiates de l'adversaire. Mais aussi par une concentration sur la juste distance à l'endroit de l'ennemi, ni trop près ni trop loin, ni lâche ni méchant. Les combattants se respectent mutuellement comme tels. Ils se savent dans la proximité d'une mort aux aguets. La vigilance portant sur l'état des personnes en fin de vie comporte une dimension de discipline guerrière.

L'allégorie intemporelle du cinéaste japonais pourrait caractériser l'attitude de chacun dans la Maison et celle de la Maison. Ce qui ne signifie pas que tous les acteurs de celle-ci soient des guerriers impeccables, mais ils sont engagés sur un parcours où la vigilance est une attitude directrice. On pourrait évoquer une présence au sens qu'utilisent les gens de théâtre. « La gentillesse se manifeste par le fait qu'elles, les soignantes, sont présentes », dit ainsi Marcel, notre ancien pilote de chasse. La juste distance prend la forme d'une médication adaptée en continu aux désirs et aux besoins comme aux évolutions du patient, les toilettes, les petites attentions ainsi que l'on nomme un bouquet de fleurs posé par la dame du ménage sur la table de nuit ou la brève négociation avec le cuisinier venu présenter le menu du soir. La vigilance éthique répond au souci d'une constante menace de dérive de l'attention portée à la personne.

« C'est compliqué, dit encore la vigilante fondatrice de notre terrain d'observation, parce que c'est exigeant vis-à-vis de soi, humainement. Vis-à-vis de tous les soignants. Ce sur quoi repose cette qualité dérive sans arrêt. Tous les jours. Moi j'utilise souvent l'expression de faire un pas de côté. […] Et ça, le pas de côté, lorsque l'on est dans une époque de formatage, ça permet de revenir à la vigilance. Plus il y a de protocole, moins on est vigilant. »

« Il faut tout le temps se battre contre la facilité. Dans certains hôpitaux, si vous avez mal, on vous fait dire le degré de votre mal sur une échelle et on vous administre un médicament en fonction de la note du mal. Nous n'avons jamais utilisé ça ici parce qu'on regarde les gens, qu'on leur demande de dire les choses à leur façon. On est déjà dans l'attention à la personne. Du coup on sait bien qu'à untel il faut un cachet et qu'à un autre il en faut dix. Et lorsque le patient est en fin de vie, c'est au jour le jour. Ça change en continu. »

La gentillesse que les résidents de la Maison repèrent au premier abord n'a rien à voir avec la compassion, le larmoyant souffrir avec. Elle n'a pas grand-chose à voir avec une culture de résilience qui inviterait chaque patient à faire le dos rond face à la souffrance et à la mort prochaine. Elle ne se mesure ni ne se négocie. Telle qu'elle est dite, la gentillesse des soignants est une vigilance à l'autre qui est aussi fatigué, malade, mais surtout vivant. C'est la reconnaissance d'une singularité absolue de la personne malgré l'écran qu'impose, dans l'instant, la tension entre vitalité et épuisement. La gentillesse est le risque pris, par une équipe, sur le protocole. C'est l'insistance à réveiller le souffle du désir tout en respectant l'approche de la fin, les tristesses, les douleurs, les impuissances et les émerveillements. La gentillesse est l'approche des ajustements intimes dans des régions de la douleur encore inconnues. C'est ce qui incite à travailler auprès de patients au bord de la disparition plutôt que de négocier sa carrière professionnelle en buvant une bonne mousse avec trois collègues sympas. C'est d'oser la tonitruante musique de fête dans le patio de l'établissement afin de conjurer l'incertain lendemain.

Un trait de la gentillesse comme éthique de l'ordinaire offre une jouissance inattendue. C'est qu'elle contribue aussi à faire tenir les équipes. Les professionnels auxquels on associera bénévoles, donateurs et visiteurs, manifestent entre eux, sans pudeur inutile et sans emphase excessive, une gentillesse réciproque des instants banals. Il reste heureusement suffisamment d'aspérités dans ce métier pour qu'y éclatent bisbilles, frustrations, malentendus et conflits. Mais, entre les caresses effleurées, les regards qui rassurent, les mots simples, les petites attentions, les partages et les coups de main, les rires et les sourires, les gens au travail se disent la gentillesse et en saisissent la part qui leur revient. Elle n'est jamais dite comme une « compétence » en ce qui concerne le soin, ainsi que le suggère Luc Boltanski pour ce qui relève de l'amour ou de la justice[1]. Il arrive qu'elle cohabite avec la rudesse qu'impose la proximité de la souffrance et de la mort. Mais ceux qui se sont investis dans cette Maison sont traversés par une affection qui tient de l'amitié dans l'action et de la tendresse sur le mode Bourvil[2], une émotion collective proche des câlins d'enfance qui fait qu'« on a du plaisir à bosser ici ».

1. Voir Luc Boltanski, *L'amour et la justice comme compétence*, Paris, Gallimard, 1990.
2. « La tendresse », chanson interprétée par Bourvil, écrite par Noël Roux et composée par Hubert Giraud, en 1963.

La vitalité de l'art

Nous sommes le jeudi 1er avril 2021 dans la Maison de Gardanne. Une discrète affiche avait annoncé le concert depuis quelques jours : un trio devait jouer dans le patio à 16 heures. Nous sommes maintenant à la fin de ce même après-midi. Les musiciens ont joué, ils ont été abondamment applaudis par les visiteurs, les soignants, les familles, les amis et les résidents. Ces gens sont rassemblés sur les bords du patio, petite foule heureuse qui écoute Jean-Marc La Piana, le directeur de l'établissement, féliciter les artistes, leur dire combien ils ont contribué à la vitalité de l'endroit en les remerciant encore d'une litote : « Vous avez le droit de revenir nous émerveiller. » Et voici qu'à ces mots simples mais engagés, une nouvelle salve d'applaudissements s'adresse cette fois autant au directeur qu'aux musiciens et au plaisir de l'instant. Le printemps qui entrait timidement dans la saison s'impose enfin. La lumière baigne le patio, comme la musique a pénétré les chambres des patients qui avaient ouvert leur porte sur le message du jour. J'aperçois de dos Jean-Patrick assis sur sa chaise roulante devant moi, le garçon gai qui se dit pourtant fatigué de la vie est venu en profiter sur son bord. Les visages sont radieux. Tandis que la France confinée selon des critères économiques déprime de sa misère culturelle passagère, ce centre de soins palliatifs vient d'offrir au personnel soignant comme aux visiteurs et en particulier aux malades qui y séjournent, un concert inattendu et festif. C'est un parti pris incarné par la fierté du directeur qui est, en cet instant, surtout un militant acharné de la vie.

« La bonne musique ne se trompe pas et va droit au fond de l'âme chercher le chagrin qui nous dévore », écrit Stendhal dans ses *Lettres sur Haydn*[1]. Que fait-elle de ce chagrin dévorant, la musique ? Mais d'abord, pourquoi le chagrin nous dévorerait-il ? Je ne suis pas sûr de savoir ce qu'est la bonne musique mais nous avons perçu dès notre enfance ce qu'est le vrai chagrin. Nous pouvons tous craindre qu'un jour ou l'autre il nous dévore. Et, dès lors que nous en touchons l'expérience, nous savons que la mort atteint au fond de nous un chagrin insubmersible creusé par tant d'autres chagrins et depuis si longtemps que nous ne savions plus comment y faire face. Le cours des jours ordinaires nous pose à l'orée du chagrin et nous espérons chaque fois nous faire toucher par la grâce d'un trio de musiciens qui passerait par ici. L'un des trois musiciens répond au directeur son ravissement d'avoir été invité, enfin, à jouer, « la première fois depuis six mois ».

La musique qui nous pénètre au fond de l'âme se refuse ici à l'étiage minimum d'une fonction de distraction. Elle ne se contente pas d'être consolatrice tant elle sait certaines tristesses inconsolables. Elle nous soulage pourtant car les tristesses de la mort ou de la perte demandent le droit de pleurer sur une épaule amie afin de retrouver le désir de vivre. La musique est surtout régénératrice, c'est ainsi qu'elle s'adresse au chagrin dévorant. Comme toute prestation artistique que le jeune Stendhal aurait qualifiée de bonne, la musique nous revitalise. Par-delà les postures, les rôles et les chances, elle nous renvoie déjà à être ensemble devant la surprise de son pouvoir. Elle nous plonge dans une émotion épargnée de commentaire qui

1. Stendhal, *Lettres sur Haydn*, Lévy, 1854.

construit un partage indifférent aux choses admises, connues, bienveillantes ou opportunes. Elle s'installe dans une mémoire naïve qui nous envahit de sa ritournelle. Elle laisse derrière elle une trace de mystère et d'harmonie dans laquelle nous savons trouver de la force. Par la délicatesse de ces artistes qui la livrent sans fanfaronnade, la musique vient du fond du monde. Elle passe par les interprètes qui s'effacent devant sa connaissance de l'âme justement, et devant la mélancolie qui font s'effleurer délice et douleur.

C'est cette fonction de l'art, partage de vitalité entre artistes, patients, soignants ou autres professionnels, visiteurs et familiers, c'est cette puissance de l'art qu'explore depuis un quart de siècle ce lieu de soins. Personne ne résiste à l'effet d'ensemble d'une présence artistique. La direction en a fait un principe de l'accompagnement. La nature de la performance collective est mystérieuse, beaucoup de facteurs y contribuent. La vitalité artistique, la vivacité des prestations et la vigueur de l'émotion que diffuse cet établissement le singularisent dans le paysage hospitalier.

Lorsqu'ils (ou plutôt elles, en l'occurrence) s'interrogent sur le moteur de cette énergie vitale diffusée par la présence artistique, les responsables de sa mise en œuvre depuis la création de la Maison parlent d'« ambiance joyeuse, d'une sorte d'élégance, d'une dimension transgressive » concrète des choix et des modalités de diffusion. « Ça ouvre sur la vie », disent-elles. Elles soulignent qu'à l'époque du lancement de la présence artistique, ceux et celles qui l'impulsaient mêlaient leur existence personnelle avec leur engagement dans le projet d'hospitalité thérapeutique. « Certaines fêtes étaient déjantées », ajoutent-elles, pour confirmer la superposition des fonctions professionnelles avec l'amour de l'art et l'enthousiasme de faire surgir quelque chose de neuf comme le prestidigitateur fait apparaître une fleur dans la paume ouverte de sa main. « On allait ensemble au cabaret, on inventait sans cesse. On s'est fait rêver ». Il est difficile de nommer cette combinaison du soin, de l'art et de la fête, mais nous savons qu'elle a fait bouger des montagnes lors de bouleversements sociaux, de combats libertaires ou d'événements subversifs.

Afin d'élucider l'effet feu de brousse du déploiement artistique, on peut suggérer qu'il touche à la part globale de la personne, là où la distinction corps et âme s'est effacée, là où l'on n'oppose plus les émotions positives d'autres qui effraient ou qui blessent, là où l'on ne saurait dire si cette émotion est celle de chacun ou si elle est un signe collectif qui prend par surprise.

La Maison de Gardanne se plaît à jouer à l'imposteur dans la production culturelle convenue, c'est sa vertu transgressive dans le genre formel de la représentation. Le jaillissement artistique y adopte le tour effronté de l'indifférence insolente et amicale aux pratiques culturelles. Rien qui ressemble à une salle, un programme ou une célébration. Il joue dans les interstices d'une institution dédiée à l'accompagnement de personnes en fin de parcours vivant, se mêlant *sotto voce* aux bouleversements de ces derniers. Elle s'est installée à la limite des codes de la considération pour l'art, n'attendant des publics visés aucune compétence et ne cultivant rien qui ressemblerait à la notoriété ou la modernité.

Pour les artistes eux-mêmes, de se présenter dans un univers médical doté d'une tonalité engagée, leur permet de dépasser leurs habitudes sans perdre en qualité. Ils viennent gratuitement. Ils sortent du confort de la méthode. Ils s'attachent et parfois reviennent. Ils sont les premiers à avoir capté le langage d'une concertation partagée. Ou plutôt d'une implication car, l'approche de la mort et la mort elle-même nous enveloppent dans une condition commune qui cherche indéfiniment les façons d'en parler. Elles (l'approche de la mort et la mort elle-même) y puisent des questions, des façons d'échanger à son sujet, de se rencontrer sur la sidération que nous savons devoir rencontrer. Le *motto* disant que nous sommes tous concernés par la mort qui est ici chez elle leur fait tendre l'oreille. Et, pour le reste, la rigueur propre à la conception puis au travail artistique s'accommode avec les surprises ; avec la fantaisie du lieu dans laquelle une autre rigueur est à l'œuvre, celle des soins, qui ne dédaigne ni l'humour ni l'élégance.

Les soignants au sens large, incluant personnes d'entretien, cuisiniers et bénévoles, trouvent eux aussi dans l'instant artistique déployé au cœur de son activité une façon de pratiquer leur métier dans le biais. Pour les soignants, c'est vital, entend-on souvent. Cela leur permet d'accéder à une fréquence positive, de prendre de la distance d'avec la fréquence du soin, de sorte à reprendre avec un œil vif. L'exercice demande de l'agilité car, avant le concert ou avant l'accrochage, on a fait face à un décès, à des choix difficiles, à la douleur et aux obstacles du soin en condition tendue. Et dès après le feu d'artifice artistique, ça reprend. Parfois l'un d'eux se regimbe et tente d'envoyer paître tel ou tel projet qui ne correspond pas à l'ambiance du moment. Cette humeur ne dure guère.

La diffusion comme la pratique artistique obéissent rarement aux modes habituels du soin. On expose à même les murs. On joue dans le patio ou dans le hall de cette institution qui ne cesse pour autant de soigner, on joue parmi les familles qui viennent veiller un proche ou lui rendre visite. Pour les malades, le code n'y est pas non plus repérable. Ce que cherchent à produire les orchestrateurs de la présence de l'art est la curiosité, la demande, la gourmandise des résidents. Qu'à l'occasion d'un concert, les portes des patients s'ouvrent et qu'ils écoutent depuis leur chambre. Ou que ceux qui le peuvent descendent tendre leur oreille dans le patio ou l'entrée.

Si l'un d'entre eux est pris par la colère à cause du « bruit », on le regrettera, pour admettre aussitôt que « la colère fait partie des humeurs vivantes qui méritent d'être invitées ici ».

Il arrive que la réception d'une prestation artistique surprenne. Telle la découverte de ce jeune rockeur qui avait affirmé qu'il n'était pas question qu'il assiste à un concert classique, certain qu'il était de n'en rien comprendre. Puis son enthousiasme lorsqu'il découvrit que le chanteur lyrique était comme lui un bosseur infatigable et que, de surcroît, il chantait sans micro ni ampli. Total respect. « Tout cela a énormément de sens pour les patients, me signale-t-on avec insistance, car cela évoque leur intimité secrète, mais surtout, ça la réveille. » L'art et le désir attisent leur vieille complicité.

Il arrive aussi qu'artistes et résidents se rencontrent sur des formules qui leur sont servies par l'entremise d'une discrète magicienne. Telle cette ingénieure du son passant dans les chambres sur la pointe des pieds pour interroger les résidents sur le mode musical que chacun préfère. Puis revenant la semaine suivante munie d'une cassette ou d'un CD visant au plus près la sensibilité de chaque patient demandeur. Telle aussi cette chorégraphe cherchant à faire danser un résident qui en rêvait. Et qui le fait danser debout et immobile, puisant dans son expérience, l'idée que cet art se pratique depuis l'intérieur du danseur. De façon générale, ce qui émeut les patients tient à ce qu'il leur est offert du vivant en cours d'invention. Et que ces artistes parfois renommés viennent jouer vraiment pour eux. Souvent une conversation poursuit l'instant partagé entre patients, soignants et artistes.

Il en résulte ce foisonnement. Un jour un chanteur lyrique profitant de la proximité du festival d'Aix-en-Provence pour faire un saut. Un autre, l'atelier céramique s'exposant pour faire connaître sa production. À la suite du décès d'un résident africain, une exposition de photos d'Afrique suivie d'un festin africain. Des expositions de photo sur les gestes des soignants, sur des portraits posés de patients. De mois en mois des conférences sur des artistes, celle sur Frida Kahlo dont on parle encore. L'atelier de Céline où chacun se livrait dans un micro et dont des enregistrements sont revenus par des écouteurs et sur des écrans. Un jour, un saxo s'était installé dans le patio. L'école venait ici. La prof de guitare jouait dans les couloirs. Des concerts encore, de toutes les musiques, les savantes et les flamboyantes, celles des jeunes et celles des vieux.

Des expositions débordant les parties communes, des ateliers de peinture, de sculpture où les patients s'abandonnent à l'instant créatif, des apéros improvisés poursuivant les rencontres, des cinéastes filmant, des écrivains écrivant, des fêtards festoyant. Parfois trois concerts dans la même semaine. Souvent un chanteur ou un danseur échappé de son emploi du temps international. Un artiste entrant dans les chambres pour proposer aux patients de prendre un pinceau ou une mine de plomb. Des patients pratiquant semaine après semaine dans l'atelier de l'accueil de jour. Les clowns faisant surgir la tendresse comme un langage majeur. Parfois un petit miracle, comme ce jour où un concert de percussions battait son plein lorsqu'une famille a traversé timidement jusqu'à la chambre du jeune homme qui venait de mourir; puis que cette même famille est venue remercier pour ce concert qui justement correspondait à l'engouement du jeune homme pour les « percus ».

Ce jaillissement continu puise dans le culot des professionnels présentant, au hasard d'une réunion de transmission où l'on a fait état de deux décès, une proposition de sortie au musée et un atelier musique. « Ce n'est pas tous les jours facile, rappelle Jacqueline qui a fait partie des porteuses de cette présence, car la vie de la Maison, ce sont les brancards, les obsèques, les pompes funèbres. » La dynamique s'est trouvée portée par des militants de l'art, fondée sur la confiance de l'équipe dirigeante, il n'y a jamais eu le moindre interdit, ça a fonctionné sur le mode coup de cœur, sur la confiance dans l'effet vitalisant de la création. Le discours constant de l'établissement assure que cette présence n'est pas une valeur ajoutée, mais le cœur de sa proposition. On fait ça sans filtre. Pas de tri. C'est la dimension transgressive de l'endroit, une transgression des règles de diffusion, des codes culturels. C'est surtout transgressif par l'irruption d'un esprit festif têtu dans une Maison où la mort est une familière plus habituée ailleurs au recueillement et à la mesure.

Ne pourrait-on se doter encore d'un avenir amoureux quel qu'il soit ? Ce qui fera battre le cœur prend des formes variées. « Cela sauve souvent », entend-on à propos des artistes et des artisans qui viennent s'exposer et se mettre en jeu. Ils renversent par-dessus bord la répétition des jours, dissolvent un instant les inquiétudes, suspendent le temps, rouvrent l'imaginaire.

« Après un concert, j'ai tout oublié de mes douleurs », dit Jacques dans une chambre. Le regard échappé par la baie vitrée, il rêve aux plages de son enfance au Maroc, aux grands oiseaux marins, au souffle du vent. Nous embarquons avec lui dans les odeurs, les sons, le vent, la chaleur. La musique dans le patio cet après-midi y est peut-être pour quelque chose, qui lui est passé par le corps et l'a cueilli dans le vif de sensations enfouies.

Comment soutenir la vie face à la désillusion ? Artistes, philosophes, poètes, bricoleurs en tout genre et cette fibre en chacun de nous, chacun propose son antidote à la fragilité de l'existence. La fragilité, la vulnérabilité qui font la toile de fond de toute existence sautent au visage en ce lieu où la vie est si volatile. Comment vivre pour que la vie vaille le coup d'être vécue encore ? Comment trouver et créer du sens ou pour, tout autant, supporter le non-sens ? L'enjeu est de rester créatifs, de ne pas se laisser tuer par la réalité. Gagner du jeu, ne pas se livrer aux circonstances.

« Je voudrais mourir vivant », écrivait encore Winnicott. Mourir vivant n'est pas toujours mourir intact, corps intact et pensée intacte. La mort en approchant défait ce qui tenait ensemble, vite ou lentement selon les circonstances. Mais il y a des choses, des gens, des langages qui font voir le jour et c'est ce que nous cherchons dans le soin comme dans la vie. Non qu'il faille convaincre ceux qui sont soignés ici que la vie a encore un avenir. Ni qu'il leur faille chercher eux-mêmes à durer à tout prix, de ce « dur désir de durer » qu'évoquait Éluard. Mais, ne serait-ce qu'au présent, y a-t-il assez de vie dans leurs vies et dans les nôtres ?

Ceux qui viennent s'offrir dans cette Maison pour rouvrir des espaces arrivent donc avec leurs guitares, leurs poèmes, leurs corps dansants. Ils accordent leur violon, ou se mettent au piano ; ils jouent du rock, du baroque ou du blues, rappent ou rythment sur des djembés. Il y a aussi des auteurs, des comédiens, des artistes célèbres ou pas du tout ou pas encore, des bricoleurs bizarres, une conteuse aux cheveux bleus, un calligraphe. C'est la part d'ivresse, la part dyonisiaque de la présence artistique dans la Maison.

Dans les cultures que l'on connaît, il y a deux ou trois siècles, ce que nous appelons art avait fonction de prêter couleur et ton aux gestes religieux. Musiques, masques, images, danses, reliaient les humains dans les interprétations rituelles d'un même mystère. Dans notre époque commencée par l'épuisement des institutions religieuses, continuée dans des exterminations de masse et exaspérée aujourd'hui dans des fondamentalismes qui distordent les visages, le besoin qu'ont les humains de se relier est devenu orphelin. Les institutions crispées qu'on appelle encore religions opposent plus qu'elles ne relient. Les délires identitaires du Net diffusent les boniments et la peur, guerres et pestes font le reste. L'art demeure la meilleure façon qu'ont les humains de se relier entre eux et de faire un avec le monde.

Par les objets polymorphes qu'il fait apparaître comme par la puissance de ses langages symboliques, l'art rassemble, relie, raconte des histoires ou pas, nous ravit et nous précipite hors du temps et loin de la mort. La Maison de Gardanne, née d'un furieux désir de vivre afin de répondre à la pandémie ravageuse de VIH, transporte encore et à nouveau la vitalité d'une exposition artistique permanente qui croise les genres et les formes, les musiques et les soins, les humains et leurs rêves. C'est ce qui relie les humains entre eux : la mise à jour par l'art de notre âme collective. C'est la part d'harmonie, la part apollinienne du déploiement créatif dans la Maison.

Entre Apollon et Dionysos que le jeune Nietzsche[1] oppose dans une complémentarité qui définit le monde grec dont nous sommes héritiers, l'art nous livre ce qu'il a fait de nous. Le *Stabat Mater Dolorosa*[2], qui est une des musiques les plus entendues dans notre Occident, renvoie à l'unité de notre identité déchirée. La mère se tient debout devant son fils mourant dans un supplice atroce, la mère de ce Christ qui est aussi divinité se tient droite, elle regarde, elle écoute avec nous deux voix, elle écoute les deux voix de Pergolèse dire une tristesse sans mesure. Nous sommes dans la beauté apollinienne et pleurons avec la mère douloureuse. Mais, à deux reprises, cette même musique s'emporte dans l'allégresse et prétend à notre joie car la mère sait que son fils est bien cette divinité venue sauver le monde humain. Dans sa douleur, elle tressaille de joie à la seule idée d'une résurrection dont son propre fils serait le héros.

Nous voici propulsés dans une extravagance où se mêlent la violente tristesse de la mort d'un être cher et une allégresse qui nous murmure comme un secret la bonne nouvelle qu'est

1. Voir Friedrich Nietzsche, *La naissance de la tragédie*, 1872.
2. Œuvre musicale religieuse écrite par Giovanni Battista Pergolesi, en 1736.

la promesse délirante de résurrection et même de salut total, pure et savoureuse folie. Pendant quarante minutes, le *Stabat Mater* nous tend entre ces deux pôles de l'art. Cette œuvre ne prétend pas avoir trouvé le fin mot de ce qui fait de nous des humains déraisonnables, sensibles et désespérés, il s'agit de tout art, depuis les dessins d'enfance jusqu'au *Salvator Mundi* de Vinci, du saxophoniste Sonny Rollins au sifflement du peintre en bâtiment qui termine sa journée de travail, de tout ce que l'art engendre de vitalité dans l'instant de la mort et du chagrin. Entre la douleur inéluctable et la vitalité de la création qui y fait face, entre la loi humaine et la nature indomptable, entre la sagesse et le débridage, l'équipe qui anime ce lieu puise dans l'élégance de l'art apollinien tout en assumant la folie dionysiaque transgressive et festive d'un instant pas facile à interpréter. À partir du point de fuite d'où surgissent l'ivresse et la beauté, elle nous rassemble, nous relie les uns aux autres. C'est aussi à cela que le public venu écouter un concert du 1er avril 2021 applaudit. Il applaudit les trois musiciens, le lieu de soins, les résidents, les soignants, les cuisiniers, les brancardiers, le directeur et la mère douloureuse dans laquelle nous nous reconnaissons indéfiniment.

C'est la vie aussi
Les enfants en deuil d'un proche

Après l'école, de jeunes enfants viennent voir leurs parents hospitalisés. Ils s'installent parfois dans la chambre, vont au patio ou sur la terrasse, s'arrêtent au « coin enfants » qui n'est d'ailleurs pas dans un coin. Il y a là des poupons et des jeux, des crayons et des carnets, des albums à feuilleter, un gros tuyau en tissu où ils aiment se cacher. Ils vont à la cuisine ouverte, par l'odeur attirés, on leur sert une part de gâteau ou un Coca au passage. Ils sont en mouvement. Nous avons le trac avec eux, jamais sûrs de les comprendre comme il le faudrait, ni de savoir les soutenir dans ce moment où leur vie est bouleversée. Leurs paroles fusent, dès qu'ils sont en confiance, au plus près de ce qu'ils vivent. Plus tard, dans le temps du deuil, ils traduisent haut et clair les mouvements profonds qui nous habitent toujours, nous autres les anciens enfants.

Le petit Fabio, quatre ans, court comme un déjanté dans les couloirs de la Maison. Des catastrophes, il en connaît déjà quelque chose, mais il n'en sait rien. Il en a l'expérience chevillée au corps mais pas de mots pour la dire. Sa mère est en train de mourir, comme son père il y a quelques mois. La famille se resserre autour d'eux dans la chambre 6. Oncles, tantes et grand-mère, ils sont bien là mais c'est la loi du silence, recouverte par les cris de l'enfant, qui semble ne pas voir sa mère. Elle non plus ne le regarde pas, endormie la plupart du temps.

« Moins de bruit, lui disent-ils, cours moins fort ». Dans le salon jaune où nous faisons cercle avec eux, Fabio tourne et vire comme à son habitude. Il rit sans joie, décharge sa tension à corps perdu, prend des livres sur les étagères qu'il disperse à terre, déplace un petit fauteuil, s'étourdit. Il est question dans la conversation de l'aggravation de leur sœur, fille et mère, et de ce qu'ils pourraient en dire à l'enfant. Nous avançons doucement. Ils craignent la parole comme une bombe dans cette famille. Leur double culture, franco-italienne, leur sert de protection quand ils parlent italien et que nous ne les comprenons pas. Certains sont debout, prêts à s'esquiver. Mais restent quand même. Fabio ne comprend pas notre langue mais il semble capter le ton de nos échanges, la gravité des expressions sur nos visages. Il s'arrête un instant et demande à une tante : « Mais de quoi vous parlez ? — De ta maman. » Il tourne encore un peu, ralentit, observe les uns et les autres, vient se blottir sur les genoux de sa grand-mère. Puis se met à pleurer en silence. Les visages s'adoucissent, ceux qui étaient debout se rapprochent, tous s'ouvrent à son désarroi. Ils n'en étaient pas si loin. C'est la grand-mère qui va continuer à s'occuper de lui, elle le lui dit dans sa langue en le berçant. Ils traduisent pour nous, mais c'est bon, nous avions compris. Lui aussi. Peut-être pourra-t-il jouer autrement et inventer des histoires. Des histoires où l'on meurt, guérit, renaît, et tant d'autres choses encore.

Il n'existe pas de lexique tendre pour les choses de la vie qui ne le sont pas. Cette parole pour dire la mort, pour évoquer l'absence, est une parole sensible quand le cœur est à vif. Les adultes n'osent pas parler. Ils ont peur de blesser plus encore. Il leur faut du courage en effet pour se lancer, mais ils peuvent en discuter avec d'autres pour s'entraîner, se mettre les mots en bouche, se faire confiance. Il n'est pas nécessaire pour autant d'être bavard, de trop en dire.

Il n'y a pas de solution au deuil. C'est une épreuve, et il y en a. Nous tentons de l'intégrer au reste de la vie. Comme dans le conte d'Andersen où le roi est vu dépouillé de ses somptueux atours et démuni, les enfants font une stupéfiante expérience, celle de la vulnérabilité de leurs parents. Quoi ? Vous ne savez rien de cette histoire sur la mort, et vous n'y pouvez rien ? Les adultes sont vus tels quels, exposés et faillibles. Le plus souvent ils feront tout pour rester fiables et secourables, avec les moyens du bord plus ceux qu'ils inventeront, au fur et à mesure. S'ils le peuvent, ils apprendront à leurs enfants la capacité à supporter les chagrins, sans rien céder pour autant sur le goût du bonheur et celui des renaissances. À mettre leur vie, précieuse et à nulle autre pareille, en lien intime avec leurs joies, leurs chagrins. Et leurs joies à nouveau.

Les enfants aimeraient tant redevenir comme avant, comme les autres, c'est-à-dire sans histoire croient-ils. C'est ce qu'ils nous disent quand nous les accueillons dans les ateliers *C'est la vie aussi*, un petit dispositif pour les soutenir dans ce temps du deuil. Ils viennent faire avec nous des bidouillages, histoire de s'occuper les mains et d'inventer des mondes. Discutent des copains, de l'école, des amoureuses et des cauchemars. Partagent leurs hypothèses, laissent libre cours à leurs pensées. Nous les écoutons en remaillant les mots les uns avec les autres, en bricolant avec eux des objets, des idées, des histoires. Une manière de reprendre le cours de leur vie en se décollant du réel. Ils inventent, jouent et rêvent avec nous, nous qui croyons ferme en la puissance du monde symbolique pour se hisser par-delà les chagrins. Un coin du voile se lève sur leurs univers qu'ils reconstruisent en bricolant comme tous les humains après les désastres.

Max, Juliette et Mina parlent ensemble de la mort « et de ce qu'il y a après ».

« Après on se réincarne et on recommence une vie, dit Max, sûr de son coup.

— Non, après on n'en sait rien et personne sait, répond Juliette.

— Peut-être qu'on se retrouvera. J'aimerais vraiment, ajoute Mina.

— C'est difficile à expliquer, avance Maël en cherchant ses mots et en dansant d'un pied sur l'autre. Je voudrais de la justice. À l'école, ils me disent, la honte, ta mère est morte. Des fois je voudrais mourir, pour la retrouver. Mais des fois aussi je veux vivre.

— Moi aussi j'y pense des fois (à mourir), dit Léo, mais il y a ma mère, mon petit frère, je me dis que ce serait pas possible pour eux. Je suis triste mais je veux rire aussi, avec mes cousins je veux rire, rire, rire. »

Il y a ceux qui en parlent tout de suite, de la maladie, de la mort et tout ce qui s'ensuit, comment c'est arrivé, où ils étaient quand on leur a dit. Ils racontent les obsèques, les cendres ou le cimetière, interrogent, s'interpellent. Il y a ceux qui parlent d'autre chose, des jeux vidéo ou des musiques qu'ils écoutent, des copains, de l'école, de tout le reste, mais de ça, pas trop. Le petit Marcel, bien droit dans ses bottes, nous avertit : « Moi c'que j'veux, c'est pas y penser. » Après le premier atelier, il a enterré des jouets dans son jardin, une petite cérémonie privée sous l'œil pudique de son père. Aujourd'hui il est revenu bricoler avec les autres, il y pense sans y penser. Il joue la mouche du coche, il rit, il bouge, il chahute. Il entend les mots et les pensées des autres, fragments qui s'assemblent pour construire des récits de bric et de broc, vaille que vaille. Leurs histoires l'aideront peut-être à trouver le moyen d'inscrire dans sa vie à lui cette chose impossible, qui est pourtant arrivée.

Louna n'a rien dit jusqu'ici, elle n'a plus de mots. C'est la troisième fois qu'elle vient, elle se réfugie dans les albums près de la fenêtre avec vue. En bas, il y a des gens qui passent, elle s'absorbe dans leurs allées et venues. Mais la voilà qui se rapproche des autres. Elle dessine des cœurs, un arc-en-ciel, un soleil, elle écrit « maman » penchée sur sa feuille et de sa petite voix, « je peux avoir le feutre bleu ? ». On le lui fait passer rapidos.

À côté d'elle, Lison écrit : « J'ai peur de t'oublier et des fois je t'oublie. »

« Elle avait les yeux un peu ouverts, je crois qu'elle est pas morte en vrai, raconte Clémence tout en dessinant.

— Des fois je crois que mon père a tout inventé. Je lui en voudrais pas », dit Lila.

Gianni commence une histoire de sa vie dans un carnet tout neuf, mais il sèche à la deuxième page. L'avenir, c'est compliqué. On cherche avec lui des balises pour les semaines qui viennent, un peu du chemin à tracer sur la feuille. Il ne tenait pas vraiment à venir, c'est sa mère qui voulait pour lui. Il a dit d'accord, mais c'était pour qu'on s'occupe d'elle, « ma mère elle est trop triste ».

« Ils font quoi les parents pendant qu'on est ici ?

— Ils discutent ensemble », répond Jules.

Ils ont de quoi, ces parents endeuillés tout autant que leur enfant, avec le monde autour qui continue de tourner.

Chaos calme de Sandro Veronesi[1] est un roman qui raconte un père ne quittant plus sa fille, depuis la mort de sa femme. Il arrête de travailler, s'installe tous les jours sur un banc devant l'école. Il suspend sa vie, attend l'heure de la sortie des classes, occupe les loisirs de l'enfant et cherche par tous les moyens à la distraire de l'absence de sa mère. Il voudrait empêcher la pensée même de l'absence. Mais sa fille s'en arrange déjà, à sa façon, elle fait comme elle peut. Soucieuse, elle veille elle aussi, depuis la fenêtre de l'école, sur ce père immobile sur un banc. Elle attend qu'il reprenne le cours des choses.

---

1. Veronesi Sandro, *Chaos calme*, Paris, Grasset, 2008.

Sarinagara est un mot japonais qu'on peut traduire, paraît-il, par « et pourtant » ou « cependant ». C'est aussi le titre d'un livre de Philippe Forest[1] qui traite du deuil par la poésie. « Cependant » est un mot qui annonce le soulèvement, l'instant de la reprise, la remise en mouvement de la vie. Il est planté au cœur de la désillusion. C'est arrivé. Mais le dernier mot n'est pas tout à fait dit, écrit Philippe Forest. « Cependant, la vie. »

C'est au conservatoire de musique que nous accueillons ces enfants avec leurs parents. Le directeur et son équipe nous ont ouvert leurs portes, la musique et l'amitié y sont une sorte de baume. En repartant, les enfants en croisent d'autres ainsi que des adultes, avec des contrebasses, des saxos, des flûtes à bec. Il y a les petits danseurs qui cavalcadent dans l'escalier, un concert dans l'amphithéâtre se prépare pour l'après-midi. Pour l'heure, chacun repart avec son parent, Lison va manger au MacDo, Yasmine a son deuxième cours d'anglais au centre social, Jules va s'essayer aux patins à roulettes avec des copains, les autres sont déjà dehors. On se reverra samedi.

1. Philippe Forest, *Sarinagara*, Paris, Gallimard, 2004.

L'esprit du lieu

L'esprit est ce qui existe, parle, agit et fait agir, il est ce qui nous immerge d'émotions de toute sorte, ce qui nous impressionne de mille façons mais n'apparaît jamais que par ses manifestations. On ne voit pas l'esprit. L'esprit est même ce que l'on ne voit pas en dépit de son pouvoir sur le monde. Il ne se laisse jamais saisir comme tel. Sauf dans l'histoire d'Aladin, on ne rencontre pas un esprit. On en décèle pourtant les traces ici ou là dans notre existence. Dans la langue courante, on dit esprit des lois, esprit du vin, esprit du lieu pour parler de ce qui, dans une loi, fait autorité, de ce qui, sur le raisin, provoque sa transformation en liqueur d'ivresse, de ce qui, dans un lieu donné fait qu'on y est si bien ou si mal. L'esprit des lois ne dit pas mais sous-entend, suggère, suppose et confère à celles-ci un surcroît d'autorité. L'esprit du vin est ce qui semble échapper aux causalités biologiques de la chimie pour faire entrer, depuis Noé, l'art viticole dans l'univers des mystères. L'esprit de corps est ce que l'on ne dira pas d'un groupe social, mais qui le solidarise dans un trait distinctif, etc. Dans toutes ces occurrences, l'esprit est encore ce que l'on ne comprend pas, que l'on ne voit jamais, mais qui donne du prix, du sens, de l'épaisseur aux choses et aux gens qu'il touche.

N'apparaissant que par l'expression de sa puissance, l'action de l'esprit, qu'il s'agisse de celui du vin, des lois, du temps ou du lieu, est pure conjecture. C'est ici que se niche la croyance.

Avant que l'on comprenne l'effet chimique de cette fine pellicule bleutée ou dorée qui entoure chaque grain de la grappe, on imagine qu'un malicieux esprit du vin veut la fermentation du raisin. Nous croyons que l'esprit commande car nous ne disposons que de cette manière de voir et de dire. Nous nommons esprit ce dont nous croyons qu'il agit sur le monde. Pas l'inverse. Ce en quoi nous croyons bien que n'y comprenant rien, nous le nommons esprit. Ça n'engage à rien, et ça donne du sens à ce que nous étions en peine d'expliquer aux enfants et même aux grands. Disons que l'on appelle esprit ce en quoi croient les grandes personnes qui essaient d'éviter ou de retrouver les naïvetés enfantines.

En dépit de conquêtes de la science et d'audaces philosophiques, la part des mystères du monde reste considérable pour beaucoup d'humains. Selon la fameuse boutade socratique qui prétend que « tout ce que je sais, c'est que je ne sais rien », il est vraisemblable que plus les humains s'interrogent sur ce qui les entoure, plus ils découvrent l'étendue de leur ignorance. Ils constatent cette lacune sans même pouvoir la mesurer tant elle est béante ; et sans oser y regarder leur impuissance tant elle est embarrassante. La providence comme la transcendance divines, l'immersion des humains dans la puissance de la magie, le brouillage des limites entre le rêve et la réalité, tous nos efforts pour repousser les faiblesses de notre regard sur le monde se heurtent aux limites de nos perceptions. Nous ne voyons pas grand-chose d'un monde dont nous faisons pourtant partie. Reste l'esprit qui fait voiture-balai de l'impensable.

L'ampleur de l'ignorance se réinstalle dès que l'on approche d'un mystère opaque, d'une croyance bizarre ou de l'incertitude de l'instant. Dans les autobus qui parcourent les routes escarpées des Andes entre 4000 et 6000 mètres d'altitude, on se signe à tout bout de champ, on prie souvent, l'esprit de la mort siffle un air d'inquiétude qui serre les passagers les uns contre les autres. Dans les maquis dont les combattants prennent de grands risques, l'esprit de la terre, de la guerre ou de la liberté souffle pour rappeler aux combattants ce pour quoi ils risquent leur vie. Dans un lieu hospitalier où la mort est présente à chaque minute de la journée, on admet le besoin de croire à quelque chose afin de faire face au vide, à l'effroi ou à la douleur qu'elle instille. L'esprit ne fait que répondre aux interpellations de l'incertitude que la mort fait surgir. Il le fait par la terreur comme par la consolation, par l'effroi ou la bienveillance, par l'espoir ou le désespoir. La mort étant un mystère affublé de croyances fabuleuses et de fantasmes extravagants, elle fait apparaître l'esprit partout où elle se montre : chez les morts eux-mêmes, dans la personnification d'un trépas divinisée, sur l'instant de la disparition et ses manifestations d'angoisse comme de tristesse. Dans un centre de soins palliatifs qui se targue d'exigence, on prête attention aux murmures de l'esprit. On compose avec lui tel qu'il apparaît chez certains patients. On admet le spirituel comme un inconnu familier et l'on tente de l'approcher au plus juste, avec humilité.

Lors d'une réunion de transmission, une aide-soignante fait état de l'arrivée d'un patient dont elle décrit l'état, la maladie, l'humeur et l'évolution. Le médecin de l'unité signale avec un ton où j'entends quelque prudence que « [le résident qui vient d'arriver] est catholique pratiquant, Je n'en sais pas plus, mais j'attache de l'importance à cette information ». Lors d'une autre conversation avec un autre médecin, j'entends que ce dernier réserve « de la considération pour la spiritualité, mais que la Maison n'offre pas de place particulière aux religions ». Un infirmier me signale un jour que « les personnes qui disposent de quelques images de ce qui les attend après la mort s'en tirent mieux que celles qui en sont dépourvues ». À peine a-t-il énoncé cette remarque, qu'il revient dessus, suggérant que s'il y regarde de plus près, il est moins sûr de ce qu'il vient de dire. Il arrive que le patient au bout du rouleau lâche sa colère de ne voir arriver aucun secours de l'esprit. D'autant que ceux qui ne disposent pas de recours spirituel s'épargnent apparemment les tourments de la décroyance. D'un interlocuteur à l'autre, ou d'un patient à celui d'à côté, le discours peut se renverser. En fait on ne sait pas mesurer l'effet spiritualité, le bénéfice d'une pratique dite spirituelle, sur les humains faisant face à la mort. Pourtant la question vaut la peine d'être posée et soutenue. Dans quelle mesure la confiance dans un esprit permet de mieux affronter l'instant de la mort ? C'est l'une des questions que partage avec nous Marguerite Yourcenar.

Dans le roman dont le titre porte le nom de son célèbre héros[1], Marguerite Yourcenar nous évoque le cas de l'empereur Hadrien qui, tout empereur qu'il ait été, familier des combats et des assassinats, s'est enfin découvert mortel fragile devant sa propre mort. Chef d'une Rome puissante et habile politicien, il dispose de tout le pouvoir dont un humain peut rêver. Amoureux fou d'Antinoüs jusqu'à la mort désespérée de ce dernier, il investit même l'esprit dans la relation érotique qui l'attache au jeune homme. Voyageur insatiable et pourchasseur de sagesse, il se fait initier à Éleusis dans ses mystères, le grand chic de l'époque. Rien ne lui résiste au point qu'il renonce peu à peu à l'exercice d'une force militaire devenue inutile. On peut dire qu'il a investi la puissance et la sagesse d'une vie droite, forte et sage dans l'espoir de savoir y faire face au seuil de la mort. Eh bien non, et l'auteure qui pourtant l'estime visiblement ne lui fait pas de cadeau. À l'instant de mourir, Hadrien nous livre en fatras quelques vers médiocres tant en qualité poétique qu'en message à l'humanité : « *Animula vagula blandula* » et ainsi de suite, un aveu de n'y rien comprendre et d'être nul face à une épreuve préparée depuis toujours.

1. Marguerite Yourcenar, *Mémoires d'Hadrien*, Paris, Plon, 1951.

Comme si de se préparer à mourir était le meilleur moyen de se planter le jour venu. On se leurre en prétendant dialoguer avec l'esprit. D'autant qu'il arrive sans crier gare et s'installe où on ne l'attendait plus.

L'esprit se permet parfois d'arriver par surprise. Une ancienne psychologue de la Maison me rapporte cette anecdote touchante. « Une nuit, la poignée de la chambre mortuaire s'est mise à bouger toute seule de l'intérieur. Les équipes l'ont entendue. Les infirmières étaient toutes des filles solides et aguerries. Elles ont quand même posé une chaise devant la porte, à tout hasard. Toutes étaient ébranlées, parfois la poignée de la porte s'abaissait dans un silence troublant. En fait, point d'esprit rôdeur du mort récent, mais le chat qui s'était laissé enfermer à l'occasion d'une levée de corps, Brooklyn cherchait, à sa façon de chat, comment ouvrir la porte de la morgue. » Toujours est-il que l'esprit souffle à plusieurs endroits où, si on lui tend l'oreille, on peut le percevoir. Le premier est l'éthique médicale.

De même que les soignants savent qu'ils ont adopté des métiers à forte exigence éthique, les personnels de notre lieu d'observation sont habités par une éthique médicale qui se travaille au jour le jour, geste par geste. L'éthique n'est pas un mémento-conseil du bien agir et du mal agir. C'est une attitude qui permet d'inventer, en situation, les gestes ou les paroles qui mettent en résonance les valeurs auxquelles on croit avec les conduites qui les mettent en œuvre. Ce qu'on dit et ce qu'on fait. On entend, dans ce lieu, un discours sur l'éthique médicale interprétable comme art de l'incertitude.

Contrairement à un point de vue dominant sur la médecine, en dépit de ses fondements scientifiques, celle-ci repose sur peu de certitudes durables. Les soins palliatifs amplifient la prudence qui en résulte par une modestie due tant à l'urgence qu'à la complexité des situations médicales. Qu'il s'agisse du diagnostic, de l'évolution d'une superposition de maladies, des variations du ressenti des patients ou des effets des soins, il reste à peine de sol ferme au malade comme aux soignants. C'est un premier brossage du fond de tableau, à la fois évidence théorique et nécessaire rappel à l'ordre. La construction d'un pont demande des certitudes physiques. La fabrication d'une voiture ou d'un stylo à bille exige des certitudes techniques. La médecine préférerait peut-être qu'il en soit ainsi pour elle, mais admet son indécision fondatrice. C'est parce qu'il est incertain que l'art médical s'arrime à l'éthique dont l'ajustement est une ombre.

La question récurrente de ce présupposé tient dans les paroles que le médecin adresse au soignant qui vient d'arriver. « Je ne sais pas ce qu'est la vérité », dit ce médecin en investissant, par ce pas de côté, un discours philosophique. « Mais je sais, en revanche, ce qu'est le mensonge. Et les soignants comme les patients le savent aussi. Ne dites pas de mensonge à un patient ou à sa famille. » Le message éthique est clair. Il implique, parfois, de faire aveu de perplexité. De dire que, sur ce point, je ne sais pas. Et même d'avouer qu'« on » ne sait pas. « On » est un collectif humain qui rassemble les chercheurs, les soignants depuis les aides-soignantes jusqu'aux médecins en passant par les infirmières, les pharmaciens, les spécialistes. On ne sait pas. La dimension critique de l'incertitude tient à ce que, conscients des tourments internes du patient, chercheurs et soignants tiennent néanmoins à ce que ce dernier prenne sa part dans les décisions médicales qui le concernent. C'est à cet endroit que l'on compte sur l'esprit du lieu pour inventer un langage permettant d'éviter le mensonge tout en sollicitant le désir du patient. Ou tout au moins, son choix. À cet endroit du parcours, le chemin n'est pas tracé. « On » est invité à tendre l'oreille à sa conscience professionnelle et personnelle, à son for intérieur, à ses expériences contradictoires, au débat du collectif soignant, à ce que veut et peut dire le patient.

« On se débat avec nos projections, avec la définition que nous avons de bien faire, avec notre bienveillance. Il arrive que l'on soit mal perçus », me dit un autre médecin. « Il nous faut être à l'écoute de ce dont les personnes ont besoin. De ce qu'elles attendent de ce dont nous disposons. Que nous trouvions la juste place pour les aider et les sécuriser. Ça ne se fait pas tout seul. Seul, ce serait tout bonnement impossible. C'est un maillage qui se fait au fur et à mesure. » C'est cela l'esprit du lieu. « Les résidents le savent, continue ce médecin, ils parlent du calme du lieu. De ce que les soins vont à leur rythme à eux patients. Que les agents du samedi sont délicats… »

À l'intersection de l'incertitude et de l'exigence de sincérité, l'éthique du soin pénètre les personnes et les équipes. Elle irrigue ce qu'on appelle banalement l'esprit d'équipe. « On travaille avec l'esprit du lieu », me rappelle une infirmière qui exerce son métier depuis plusieurs années. « Quand quelque chose n'a pas été fait, on ne va pas épingler celui qui est en défaut. On se dit que si ça n'a pas été fait, c'est parce qu'il y a un souci. C'est parce qu'il a passé deux heures à tenir la main d'un patient. Ici on trouvera un soignant pour poser les perfs pendant que tu tiens la main de quelqu'un. Ça change tout. Les patients, ils savent que nous sommes disponibles pour tenir une main pendant deux heures et les écouter parler. Et que je ne regarde pas ma montre toutes les cinq minutes en pensant il faut que j'y aille. L'esprit d'ici, c'est que tout est fait pour les patients, mais aussi que beaucoup est fait pour nous, les soignants. »

L'esprit de la Maison s'accroche à l'intensité de l'activité artistique qui s'y déploie. Cette parenté semble aller de soi, tant l'art et le surnaturel ont longtemps eu partie liée. Le tableau du Caravage dit *La mort de la Vierge* illustre une combinaison – qui n'est pas confusion – entre une inspiration religieuse populaire et l'urgence vitale d'une passion amoureuse. C'est le lieu de la rencontre entre esprit, art et désir vital. Dans ce tableau, la femme qui a servi de modèle au peintre pour le personnage mort de la Vierge Marie est une courtisane dont le peintre a été éperdument amoureux et avec laquelle il a vécu une liaison tumultueuse. Cette affaire connue alors du microcosme romain éclate en scandale lorsqu'un rival envieux du Caravage dénonce la superposition des deux femmes comme une sorte de blasphème. Il en résulte un duel au cours duquel le peintre qui a, sa vie durant, joué la carte de l'insolence sous toutes ses formes, tue le jaloux. Exil. Peinture. Prison. Évasion. Peinture. Nouvel exil. Nouvelles peintures. Solitude puis extinction des feux. L'esprit de ce tableau est l'irruption du désir amoureux défendu dans la mort de la Vierge, figure adorée par le peuple de son temps. L'esprit de la Maison de Gardanne est l'insolente irruption d'une prestation artistique échevelée dans un lieu dédié à la fin de la vie. Dans les deux cas l'esprit réside dans une transgression assumée de la bienséance.

Le Caravage nous invite dans un voyage où le naïf observateur du milieu hospitalier se fait décoiffer par la création artistique. Kandinsky publia en 1911 un livre intitulé dans sa traduction française *Du spirituel dans l'art*[1]. Bien qu'un brin décalé aujourd'hui, il fit fureur parmi les étudiants en art de l'Europe de la première moitié du XXe siècle. Il tentait de rendre compte de ce qu'il en est d'être un artiste allumé à l'époque foisonnante du Bauhaus, de Schönberg, de Cézanne et de Matisse. L'Europe ayant nettoyé une grande part de sa pratique artistique de l'emprise du sacré religieux, elle livrait ce qu'il en restait à l'exubérance inventive de peintres qui se rencontrent sur ce qu'implique d'être un humain fragile dans un monde dégondé : « Lorsque la religion, la science et la morale sont ébranlées, écrit-il, et lorsque leurs appuis extérieurs

1. Vassily Kandinsky, *Du spirituel dans l'art*, Paris, Folio Essais, 1949.

menacent de s'écrouler, l'homme détourne ses regards des contingences extérieures et les ramène sur lui-même. » C'est une façon de raconter ce qui se pratique dans la Maison de Gardanne. Tout au long de l'année, de jour en jour, dans des espaces dédiés, dans les murs de l'établissement comme en ville, au pied des escaliers ou dans les chambres des résidents, des artistes viennent jouer et partager ce qu'ils jouent. Dégagés des conventions religieuses, ils parlent d'humanité. Non seulement ils ramènent leur regard sur l'humanité, mais ils invitent les patients à adopter ce regard. C'est l'esprit du lieu qui en nourrit l'éthique.

Personne n'oublie que ceux qui habitent les chambres de ce lieu vivent aussi intensément que possible ce qu'il leur reste à vivre, mais affrontent aussi douleur, angoisse et solitude. Claire Oppert qui a publié en 2020 un très joli livre[1] qui retrace son expérience professionnelle de violoncelliste, chercheuse et art-thérapeute dans plusieurs établissements de soins, nous y livre ses découvertes de la douleur qu'elle soulage à coups d'archet avec la complicité de Schubert et d'autres compositeurs. Elle reste à la place qu'elle a choisie, non une guérisseuse, mais une accompagnatrice délicate et efficace de la souffrance des autres. Là où les soins médicaux trouvent leurs limites, son violoncelle fait des merveilles. Elle soulage, fait oublier, restitue ses auditeurs à ce qui leur parvient de la beauté du monde. La frontière de sa présence active avec le soin est poreuse. Elle est celle qui souffle l'esprit d'altérité dans les oreilles, les yeux et sous la peau des patients.

1. Claire Oppert, *Le pansement Schubert*, Paris, Denoël, 2020.

Penser comme on rêve

Cette Maison avait inventé dès son ouverture une petite salle inutile, sans attribution particulière. Habillée d'un canapé, de coussins et de voilages indiens, on l'appelait la salle du silence. Refuge pour les instants creux, après les coups de chaud, c'était un endroit où se poser, rien de plus. Il était précieux de disposer d'un lieu vacant, d'une vacance du lieu. Sur la table basse, quelques livres, des portraits de Titouan Lamazou, des scènes captées par Depardon, un livre sur les îles, toutes les îles, l'idée même d'une île et c'est déjà le voyage. Et puis des poèmes, notamment une anthologie dont le titre emprunté à Apollinaire *Et toi mon cœur pourquoi bats-tu ?* invitait à ressaisir le vif de nos existences. C'était un espace d'absence, une pièce pour les moments de rien, elle répondait à un besoin qu'on ne savait nommer. Chercher un repos peut-être, y reprendre son souffle. Cette possible retraite était la figuration d'une spiritualité rêveuse, une connexion intime à l'esprit du lieu.

Cet esprit des lieux se manifeste parfois de manière facétieuse. Des bizarreries de l'esprit, de la pensée, des perceptions. « Une inquiétante étrangeté », disait Freud, un glissement dans le sentiment de soi, dans la perception de la réalité.

« Attention, ne vous asseyez pas ici, il y a mon chien ! » Le chien est mort au début de la semaine passée, mais Myriam le voit sur son lit et pour venir s'asseoir près d'elle, il faudra d'abord le contourner. Elle n'est ni confuse, ni délirante, mais elle perçoit qu'une présence familière veille avec elle.

« Il y a quelqu'un qui entre dans ma chambre, c'est plutôt une silhouette, elle reste un peu, c'est dans la soirée que ça arrive. J'ai peur qu'on croie que je suis fou », lâche Thomas après bien des hésitations.

Pascale nous confie une drôle d'impression : « J'ai la sensation d'être deux. Je me sens en arrière de mon corps, comme délocalisée. D'autres fois, c'est comme si j'étais assise dans le fauteuil en même temps que je suis allongée dans le lit. »

Une petite rumeur se colporte de chambres en couloirs : « Il y a une grosse dame qui passe devant la baie vitrée, c'est un peu flou, plusieurs fois ces jours-ci. »

Des portes grincent à certains moments, un tas de linge qu'on avait posé à un endroit est retrouvé à un autre, le parfum d'une ancienne résidente remonte par effluves devant sa chambre longtemps après son départ, des bruits bizarres, des silhouettes entrevues qui passent et repassent... Un monde invisible bruisse et se surimpose à l'autre, celui qu'on dit concret, celui dont les contours sont nets.

Des bizarreries de l'esprit, des perceptions troublantes, il y en a parfois par ici. Certains patients y repèrent les effets des traitements antalgiques puissants, séquences oniriques, animaux étranges, formes bizarres, objets flottants au-dessus de nulle part à la façon des peintures surréalistes. Et puis, il y a des étrangetés venues des zones limites de la psyché, là où le fantasmagorique se mêle à la pensée construite, comme dans l'espace entre veille et sommeil, une commune confusion, plus ou moins accentuée, plus ou moins perturbante. D'autres encore, ou bien ce sont les mêmes, chacun en décidera, sont des perceptions surprenantes qui donnent matière à penser et à rêver l'esprit plus au large.

Il ne s'agit pas de statuer sur ces états d'esprit, mais de les accueillir d'abord. De temps à autre, avec un brin de sauge, un bâton d'encens, quelqu'un s'emploie discrètement à clarifier les ambiances comme on fait le ménage avec balai et eau claire. Les nettoyages symboliques ont leur place et une certaine efficacité, comme l'a aussi le recueillement dans la salle du silence. Cette fonction symbolique échappe bien sûr à toute évaluation objectivante.

De façon évidente dans un lieu de soins comme la Maison, la principale modalité de la pensée traite autrement les phénomènes étranges afin qu'ils ne se traduisent pas pour chacun en fantômes inquiétants. C'est par un patient travail d'élaboration que se transforment en pensée et en récits des vécus bruts, des instants traumatiques. C'est la mise en œuvre d'une métabolisation, d'un passage par la parole et la culture, incluant la dimension artistique, qui aident à intégrer ces phénomènes. Des « restes à penser » comme des restes à digérer, en somme, en attente de traitement, et dont il importe de s'occuper pour qu'ils ne prennent pas une allure effrayante.

Mais reconnaître ces passages par les zones limites de la psyché, ces pensées de la nuit, participe de la vitalité transgressive de l'esprit des lieux. C'est pouvoir accueillir la dimension poétique, accepter l'évocation des mystères, ne pas tout rabattre immédiatement vers la rationalisation.

Ce peut être le vent qui soulève les rideaux à l'instant où quelqu'un vient de mourir, la perception d'un visage dans le ciel nuageux, un parfum qui revient au détour d'un couloir ou à la mémoire olfactive, l'esprit est facétieux, il suit des tours et des détours. Cet esprit-là souffle dans les lieux où la vie et la mort se côtoient. Nous pouvons choisir de converser secrètement avec lui, de le laisser apparaître et disparaître, ou de le faire taire. À chacun son style.

Deuils

« La vie s'éloigne, mais elle revient »
J.-B. Pontalis

Luc

Il raconte qu'après la mort de sa femme, il achetait des bougies, grandes et de bonne fabrication, qui se consumaient lentement, lui avait garanti la vendeuse, il en a oublié la durée. Il a allumé la première, l'a posée au milieu d'un bac en zinc empli de sable, pour éviter tout risque d'incendie. Il fallait ne pas la laisser s'éteindre. Quand il s'absentait, il vérifiait la sécurité du dispositif avant de refermer la porte. Pas de courant d'air, aucun objet proche, ni tissu risquant de s'enflammer, et du sable largement autour de la bougie allumée. Dans son sommeil, il restait en alerte, la bougie était positionnée juste en face de son lit, la flamme comme imprimée sur sa rétine, il se réveillait dès qu'elle vacillait, soulagé chaque fois d'en être comme averti, d'être réglé sur elle. Il rallumait alors une bougie neuve à la précédente, organisant ainsi un relais sans interruption. À chaque réveil comme à chaque retour chez lui, il s'assurait de la permanence de la flamme. « Un geste de survie, dit-il, une nécessité, je ne réfléchissais pas. » C'est ce qui l'a aidé à passer les premiers caps sans elle. Au bout de quelque temps, il a arrêté, avec les bougies. Il a repris son travail, il fallait bien, ça l'a plutôt aidé, les journées se remplissaient, son agenda avec les rendez-vous, une vie normale en somme, les autres semblaient ne se rendre compte de rien. Il était ailleurs, hors de lui. Mais de retour dans leur appartement, il se tenait prostré dans un petit fauteuil, le corps rassemblé, sans bouger, sans rien faire, jusqu'à la nuit tombée. Il n'était pas mal ainsi, absolument à l'arrêt, le regard vague pendant des heures, la pensée suspendue. Une position antalgique qu'il avait trouvée et de laquelle il ne fallait pas varier d'un pouce. Tout était silencieux, la douleur, le chagrin. Plus tard, quand il s'est remis à bouger, à penser, la douleur est arrivée comme le sang recircule dans un membre ankylosé. Il s'agissait de continuer à vivre. Ce fut d'abord tout à fait difficile.

Le deuil est lent, il faut bien s'y faire, le laisser se faire. En tordant les mots autrement, on en est arrivé à l'expression, passée dans le langage courant, qu'il faut le faire, son deuil. Comme s'il s'agissait de s'y mettre en se retroussant les manches. Par temps de désespoir, quand on est en quête de solutions pour moins souffrir, la perspective d'un parcours balisé dans ce grand désordre offre comme un recours. Des théories enseignées dans les écoles de soignants découpent cette épreuve en étapes, qui tracent un chemin du déni à l'acceptation. C'est pourtant tout sauf un parcours linéaire. Rien n'y est stable, tout s'entremêle et tout, de soi, est inquiété. Celui qui meurt semble emporter avec lui une large part de l'autre, et le vivant se trouve comme amputé, inapte à vivre en son absence. « Je ne sais pas comment vivre avec sa mort », murmure Luc, après trente années vécues avec sa femme.

La continuité de la vie, les projets, les désirs, tout est affecté. Les liens d'amour sont réinterrogés. Les agacements, les conflits, tout ce qui habituellement se répare au fil de l'eau, dans le courant de la vie, est ici stoppé net. « On n'a pas toujours été gentils » disent les enfants des ateliers. Les adultes non plus, ils ne le savent que trop. Il faudra s'en débrouiller seul ensuite, sans le secours de l'autre avec qui on aurait aimé poursuivre la conversation. Il n'est plus là, il est mort. Ils entrevoient quand même que la douleur puisse se calmer, ils espèrent qu'elle soit un jour supportable. Mais l'idée même d'en être soulagé paraît intolérable, comme si c'était en finir avec l'aimé, avec l'absent, trop vite et au risque de l'oubli. Et certains se raccrochent alors à leur douleur comme à celui qu'ils aimaient, mêlant les deux sans pouvoir les disjoindre.

De la peur de l'oubli, Brassens nous consolait, un peu, quand il chantait l'amitié et les amis qui disparaissent dans *Les copains d'abord*.

> « Quand l'un d'entre eux manquait à bord
> c'est qu'il était mort
> oui mais jamais au grand jamais
> son trou dans l'eau n'se refermait
> cent ans après, coquin de sort
> il manquait encore. »

Ce trou qui ne se referme jamais, et la manière de vivre avec, autour, et de reprendre, le plus vaillamment et créativement possible son ouvrage de vivant, c'est l'histoire du deuil. Il y a un arrêt et une reprise peu à peu, si cela est possible. « La vie s'éloigne mais elle revient », écrit J.-B. Pontalis dans *Marée basse marée haute*[1]. Ce qui nous intéresse ici dans le cadre d'une réflexion sur l'accompagnement, c'est de chercher ce qui peut favoriser la reprise de la vie. Comment les derniers moments partagés peuvent-ils aider dans le temps du deuil ? Si les paroles, les silences, les connivences ou les tensions relationnelles, vécues in extremis, colorent la fin de la relation, il y a eu

1. J.-B. Pontalis, *Marée basse marée haute*, Paris, Gallimard, 2013.

toute une antériorité, une relation ne se réduit pas aux derniers mois ou semaines. Mais d'avoir pu accompagner, entourer, soutenir autant qu'il est possible celui qui est malade ou en fin de vie est une façon de confirmer le lien. S'identifier à une équipe qui elle aussi s'ajuste au plus près, écoute, et soulage, a des rejaillissements bénéfiques sur les proches. D'une manière ou d'une autre, ils auront fait tout leur possible. C'est un début de soulagement.

À travers les rencontres qui suivent, nous nous penchons sur ce qui se joue dans ce temps de grande proximité, et ensuite.

Jean et sa femme, chambre 15

Jean a accompagné sa femme, il est allé aussi loin qu'il a pu avec elle, il dit que c'est une forme de consolation. Leur relation n'était pas toujours tranquille, ni leur vie et leur histoire commune. Ils ont traversé des passages à haut risque, au bord des ruptures. La maladie de sa femme les a trouvés fatigués et tendus, avec cette difficulté à se parler, à se soutenir qu'ils avaient depuis toujours. Il s'est appuyé sur les soignants autour d'eux, par qui passaient des gestes tendres, des attentions, une ambiance calme. Ils se sont apaisés tous les deux, dans les longues heures de veille. Les mots, les regards recirculaient, ils arrivaient à être ensemble, et pas trop mal. Il a donné ce qu'il avait, il a fait tout ce qu'il a pu, il dit que ces heures d'avant la fin ne furent pas vaines. Il a pu délivrer les tendresses de leurs gangues étroites. Elle a pu les recevoir.

Patrick, chambre 16

Patrick est en toute fin de vie, il n'a personne autour de lui. Pour une équipe de soins, voilà qui déclenche l'alarme vigilance. Mais il se raconte un peu, c'est un solitaire depuis toujours, il a avancé dans la vie sans trop se retourner. Politique de la terre brûlée et pas de regrets si possible. Et pourtant si, il en a un aujourd'hui. Il y a longtemps qu'il a laissé derrière lui femme et fille, sans donner de nouvelles. Sa fille est adolescente à présent, ils ne se sont pas revus depuis sa petite enfance. Il voudrait lui parler, la contacter, il demande si on peut l'aider pour cela. Il a un numéro de téléphone dans un petit carnet, toujours valable. C'est celui de son ex-compagne. Elle répond et transmet le message à la fille. Après réflexion, celle-ci rappelle. Qu'on dise à son père que non, elle ne viendra pas. Qu'on lui dise aussi qu'elle sait bien qu'il est son père, qu'elle l'aime, mais non. Tout ne se solde pas ainsi pour elle, il y a, du reste, toutes ces années sans lui, vécues peut-être comme un abandon, une trop pénible négligence. Elle veut qu'il le sache. Elle tient sur sa parole et ce n'est pas si facile. Elle s'en arrangera, ou pas, et nul ne sait ce qui serait pour elle le mieux, le pire.

Un des clichés de l'accompagnement qui supporte aussi un idéal, c'est la famille, les proches faisant cercle d'amour et d'amitié autour du lit. Quand la relation a souffert, c'est le souhait d'un temps de réconciliation, parfois in extremis et que s'apaisent les sentiments de culpabilité et les regrets mutuels. Mais à trop vouloir le bien des autres, on risque d'en oublier qu'ils sont conduits par leur désir, qui n'est pas toujours déchiffrable. Et que le choix leur appartient.

Joseph, chambre 14

« Je n'ai pas peur de mourir, mais je suis triste de quitter ceux que j'aime », dit Joseph sobrement à l'intention de sa fille. Il eût été possible d'adopter le style direct, « je crains plus que tout de te quitter, toi que j'aime », mais elle le connaît par cœur, elle est aussi pudique que lui, pas à l'aise avec les mots d'amour ni les gestes tendres. Pour s'embrasser dans la famille, ils sont plutôt du genre coup de boule maladroit, front contre joue, baisers dans le vide. Elle reçoit le message, ne répond pas, embarrassée, émue. Ils s'aiment et ne se le disent pas vraiment, mais c'est bon, ils le savent. Elle reste avec ce message succinct, elle en fera son miel peu à peu. Elle poursuivra la parole avec lui plus tard, après sa mort, elle aura droit à toutes les audaces, la complétera, l'enrichira. La relation vivra encore à travers elle, autrement.

Xavier et Inès, chambre 12

Le souci de Xavier pour Inès est un ultime message d'amour. Ils se parlent un langage à part, ils s'inventent une langue de l'amour. « Quand je pense à ce que tu vas vivre, je suis démonté comme la mer. » Ils se sont remis au monde ensemble, les mois avant la mort de Xavier. Ils ont tout libéré du désir. Un ciel s'est ouvert entre eux et ils s'y sont retrouvés, « c'était immense » dit-elle. Elle sait qu'elle continuera à vivre avec ce trésor intime, vibrant en elle.

« Tu iras au cimetière ? demande Xavier.

— Oh tu sais, moi les cimetières… répond Inès.

— Oui moi aussi, mais tout ce que tu pourras faire pour nous… je voudrais que ce soit gravé dans la pierre, enfin, pas dans la pierre… Avec toi, je ne serai pas un astre errant. Nous, c'est comme Roméo et Juliette, le bonheur et le malheur mêlés. Veux-tu m'épouser ? » conclut-il.

« Total bonheur » dira-t-elle plus tard, avec un geste enveloppant de la main qui en souligne l'entièreté.

« Je te garde en moi. » Ce sont ses derniers mots pour lui quand il s'éloigne.

Catherine, Barthes, Monique, Chabannes…

Parfois, la douleur est trop violente pour laisser place à la parole. Quand Sonia trente ans meurt après plusieurs jours de coma, sa mère pousse des hurlements de louve, se frappe la poitrine, le ventre. Quelques jours avant, c'est le fils de Catherine qui enfonce son poing dans la cloison de la salle de soins. Leur façon de crier non, pas ça. Violence du réel, refus du réel. Peut-être aussi tentent-ils de se faire mal autrement, en appelant une douleur physique pour se sentir plus réels, quelque chose plutôt que rien. Ils luttent contre l'engourdissement, sidérés comme un lac gelé. « Ça ne descend pas, je ne ressens rien. Je fonctionne », répète Lucie peu après la mort de son frère.

Il faudra bien que les vivants reconnaissent que c'est arrivé, qu'ils sont dans une solitude nouvelle. Ils n'ont rien pu empêcher. Les enfants n'en reviennent pas, qui pendant longtemps ont cru leurs parents tout-puissants sur les choses de la vie. Les adultes non plus, finalement, qui après des siècles et des siècles à tenter d'apprivoiser la pensée de la mort, en avaient presque oublié leur détestation de la perte et du manque.

« Je veux faire l'hospitalité à mon chagrin », c'est ce qu'écrivait Roland Barthes, vieil orphelin, dans son journal de deuil après la mort de sa mère. Faire l'hospitalité à son chagrin, contacter l'absence, et chercher comment continuer à vivre. C'est ce que viennent chercher avec nous, dans le chaudron de nos échanges, certains d'entre eux, les survivants comme ils s'appellent. Leurs paroles cherchent à cerner la sidérante expérience. Ils manquent d'elle, de lui, ils souffrent. On leur a dit « seul le temps… », mais le temps qui recouvre le désespoir ne touche guère au chagrin, au fond. Ils demeurent inconsolés. Ils se remettent à vivre cependant, redeviennent capables d'aimer, et de joie à nouveau, ils reprennent leur ouvrage. Parfois même, il arrive que tout aille très vite, que tout se superpose pour certains, le chagrin et le bonheur, dans l'urgence de vivre ou le hasard des rencontres, le désespoir et un nouvel amour, en même temps. Ils, elles, sont troublés par ce désir insensé qui les propulse dans la vie. La vie, qui insiste pour être vécue.

Monique dit sa stupéfaction. Elle est en deuil de sa fille, et quelques mois plus tard de son mari. « On ne sait plus qui on pleure, l'un a comme poussé l'autre. On pensait ne pas survivre, et puis si. Je vois mes arbres, je vais bien. Je range son appartement. Je garde les photos, les photos on ne peut pas les jeter. Ces pertes. Et puis deux naissances au milieu. Tant de bouleversements. On est là. On vit. On ne va pas si mal. »

Ils oublient, bien sûr, de cet oubli des vivants tout occupés à vivre. Et soudain, il ou elle arrive avec son absence, celui, celle qui avait disparu est là tout entier, fugitif visiteur qu'on ne peut retenir. Il se glisse dans une échancrure, un interstice, entre deux pensées, deux occupations, un rêve. « Permettez-moi de reparaître de temps à autre dans votre souvenir[1]. »

Ainsi, il ou elle se tient là, en un temps vertical et immobile, un temps qui ne passe pas, en arrière de l'autre temps, celui qui file comme un marathonien. Il suffit d'un presque rien pour le contacter, cet absent, une sorte de hasard qui ne se commande guère, des sensations infimes. Et voilà qu'il disparaît à nouveau. Celui qui est mort le redevient, avec son absence qui dure. De toute façon, il va falloir faire avec. C'est-à-dire sans. On n'est plus le même que du temps de sa présence au monde ou plutôt on est « le même autrement ». C'est la vie.

Des absents, les vivants intègrent peu à peu des qualités sensibles, des expressions qui viennent s'ajouter aux leurs, parfois des souvenirs qu'ils racontaient, des objets aussi qui vont de vies en vies, de maisons en maisons.

---

1. Mme de La Fayette, « la lettre de Chabannes », dans *La princesse Montpensier*, 1662.

« Nous sommes la sépulture », disent les philosophes, les poètes et les psychanalystes, là où les traces des absents sont déposées et restent vives. Certains soirs, les vivants donnent rendez-vous à leurs morts au bord des rivages, pour des retrouvailles intimes. Ou bien ils leur laissent quartier libre, s'ils souhaitent « apparaître en leur souvenir ».

Le métier de soigner

Il est vraisemblable que les métiers sont apparus lorsqu'au tournant de l'époque néolithique, les humains ont entrepris de nouvelles activités après les avoir distinguées de leurs tâches exclusivement vivrières. En dépit de leur complexité, on ne pouvait pas dire de chasser ou de cueillir qu'il s'agissait de métiers. Tout le monde s'y adonnait par une nécessité vitale, de même que chacun était peut-être plus ou moins artiste, un peu prof, architecte, curé selon les tempéraments, ou un peu toubib. L'agriculture s'imposant comme l'une des meilleures façons de nourrir les humains, elle a fini par devenir tardivement un métier. Elle a même entraîné dans le sillage de sa spécialisation quelques autres activités élémentaires dont la médecine. Depuis, la distribution des métiers est devenue, avec le genre et l'exercice du pouvoir, l'une des distinctions les plus tranchantes au sens où Bourdieu[1] en a fait un marqueur social sur le mode torchons/serviettes. Les métiers du soin n'y échappent pas, entre le triple prestige d'une réputation scientifique, d'une affinité avec le pouvoir politique et d'un humanisme à large spectre.

Tous les métiers ne se valent pas. Certains sont ravageurs pour la santé, certains sont ennuyeux à mourir, d'autres

1. Pierre Bourdieu, *La distinction: critique sociale du jugement*, Paris, Minuit, 1979.

captivants, stimulants, excitants. Certains disposent d'une règle d'exception comme le droit de tuer. Certains sont des jackpots, d'autres ne permettent pas même de vivre décemment. Les métiers du soin qui font partie du dessus du panier reposent sur une combinaison de compétences savantes, de tours de main acquis par l'expérience et du fonctionnement d'équipes solides. Ils demandent une dizaine d'années d'étude pour les médecins, permettant des façons d'exercer très diverses. La technicité des autres métiers du soin s'étoffe parallèlement.

Les métiers du soin se particularisent par quelques traits singuliers. Ils sont vigoureusement attachés à la recherche et au développement scientifique. Ils évoluent à un rythme rapide et syncopé dicté par l'imbrication des mouvements contradictoires qu'impriment la passion de soigner, la solidarité sociale, les prodiges de la chimie et l'investissement capitalistique. Ils sont organisés selon une hiérarchie pyramidale dont le sommet est le professeur des universités-praticien hospitalier (PU-PH) et la base le brancardier ou l'aide-soignant, écarts de revenus de 1 à 10 environ. Touchant à la vie, à la souffrance et à la mort, mais touchés en retour par les logiques productivistes, ils sont tendus entre une exigence d'intégrité et des pressions politiques confuses. Pour ces raisons, les métiers du soin sont assortis de devoirs stricts, de droits surveillés et de dispositions particulières. S'engager dans une carrière médicale oblige à prendre en compte ces tensions, contradictions, tracas éthiques et politiques.

Il serait hasardeux de chercher une origine historique commune aux métiers du soin. On les trouve souvent au voisinage de ce qui subsiste de chasse et cueillette. Ces activités, fondées sur une érudition biologique à couper le souffle et un esprit expérimental audacieux continuent d'irriguer celles du soin par l'expérimentation et la curiosité pour la vie. Elles n'ont cessé de se perfectionner depuis la première fleur observée avec perplexité jusqu'à l'imagerie par résonance magnétique. Pour des raisons tenant sans doute à l'importance de l'étude qui y affère et à la magie qui fricote depuis longtemps avec le vivant afin d'éloigner la souffrance et la mort, le sacré est souvent proche du soin. Et l'on ne peut enfin négliger ni opposer ce soin émergeant qu'on qualifie ici de médical du soin intuitif que les adultes avisés assurent aux enfants, aux fragiles, aux passagers et aux autres vivants. Les métiers du soin comprennent le médecin, l'infirmier, l'aide-soignant, l'ostéopathe, mais aussi le druide, le yogi, le sorcier, le charlatan, le derviche, le chaman, les parents, les malicieux et bien d'autres gens bizarres ou ordinaires.

Cette image originelle de l'art du soin ne s'est jamais éteinte. Il en subsiste des traces chez les professionnels de notre siècle technicisé chez qui elles alimentent le doute, la curiosité, l'humanisme ou l'inventivité. Il en reste plus encore chez des gens ordinaires qui, à travers leurs fonctions parentales ou amicales, ne cessent de s'interroger sur le soin et d'y contribuer à leur façon, avec la complicité ou en dépit de l'hostilité de l'institution. Il en reste enfin dans le halo de praticiens qui, du rebouteux au psychanalyste en passant par le voisin de village et l'homéopathe, bousculent, stimulent, complètent, contestent, réécrivent le soin sous toutes ses formes. C'est dans ce terreau culturel que s'enracine l'accompagnement. La Maison de Gardanne le cultive avec talent. Plusieurs métiers y apparaissent.

Le médecin diagnostique, prescrit et suit. Il ne peut s'acquitter de ces trois tâches fondatrices que s'il fait aussi de sa pratique un champ de recherche expérimentale et fondamentale. Il peut s'associer à d'autres regards et d'autres personnes pour venir à bout des exigeantes pratiques de recherche, mais il en répond seul. Le médecin (qui est de plus en plus une médecin) stimule et orchestre, s'il l'entend de cette manière, une collectivité soignante qui peut ainsi contribuer à ses gestes et ses décisions. Dès que l'on s'écarte des banalités de base, le métier de médecin prend un tour philosophique. Une médecin de soins palliatifs : « On apprend à développer les possibilités de perception. C'est comme si on mettait tous nos sens en éveil. Et on fait appel à ce que les autres membres de l'équipe ont perçu, compris et senti. [...] Le doute nous aide. On se fait confiance sur le fait qu'on peut douter. On essaie d'être tranquilles avec ça. On se questionne beaucoup et on doute parce qu'on ne sait pas. Dans le cas [où l'on ne peut rien faire pour tirer d'affaire un patient], il faut se laisser guider par le temps. Prendre le temps de réfléchir, on finit par éliminer les hypothèses déplacées, on vise la bonne. On ne va pas l'embêter avec des examens inutiles, on ne va pas le déranger. On ne va pas multiplier les peut-être. »

L'infirmière, qui devient doucement pour sa part aussi un infirmier, administre le soin. Elle le fait selon les prescriptions d'un médecin, mais aussi en fonction de sa logique infirmière, à la demande d'un patient et selon sa compétence propre. Elle administre le médicament, nettoie les plaies, rassure le malade. Étant donné tout ce que le marché a inventé comme acteurs et instruments du soin, on attend d'une infirmière une haute technicité. La durée de ses études s'allonge au fil des années et elle passe beaucoup de temps en formation. En soins palliatifs, il lui revient parfois de mettre au point (avec le médecin) une combinaison de gestes et de produits précisément adaptée à un patient donné dans un moment donné, le bolus. Elle ne diagnostique pas formellement, mais sa proximité des malades lui permet une contribution fine à la compréhension de leur situation. « C'est particulièrement gratifiant ici, m'assure une infirmière, parce qu'on est bien accompagnées sur la technicité et qu'on voit les effets d'une préparation de la seringue ou d'un bolus sur la santé des résidents tant sur le plan de la douleur que sur celui de l'angoisse. Ce sont des produits qui marchent assez vite, assez bien, permettant qu'on en mesure les effets sur le résident. Les bolus sont des produits adaptés à la situation de la personne comme à son besoin. On l'injecte à un moment donné avec l'objectif de soulager rapidement. C'est ça que j'ai appris ici, c'est d'utiliser ces produits. J'ai découvert de cette façon un côté manuel que j'ignorais. J'ai découvert que j'avais des mains et des doigts. »

Les aides-soignantes, qui savent bien qu'elles ont des mains et des doigts, peuvent découvrir que, dans un tel établissement, la sensibilité de ces organes peut être considérable, considérée et même attendue. L'aide-soignante ne soigne pas de son initiative mais aide, en principe, ceux et celles qui soignent. Elle ne dispose guère de savoirs savants ou techniques autres que ceux que lui ont apporté son expérience et ses sens. On attend d'elle qu'elle accueille le patient, qu'elle tienne propre son environnement et finalement le malade aussi, c'est la toilette sous ses formes diverses. Ses atouts tiennent à ce qu'elle ne dispose justement que de ses mains, ses yeux et sa parole. Elle joue de cela afin de comprendre à qui elle a affaire et de savoir la façon dont elle peut contribuer au soin : sa sensibilité, ses perceptions, son observation, son émotion, ses intuitions. C'est son remarquable bagage, le même (observation, émotions, intuition) qui fait un artiste reconnu, un parent avisé ou un grand chasseur. Une aide-soignante : « Il y a une dimension technique dans le toucher. Il y a des gens qui n'aiment pas être touchés. Mais pour la plupart, le toucher est une ouverture, ils se sentent bien, ils se livrent plus volontiers. Et ils se mettent en confiance avec nous. » Une médecin dit, à propos du métier d'aide-soignante : « Pour avoir aussi travaillé comme aide-soignante ici, l'aide-soignante est vraiment sur la ligne de front. Bien sûr, on n'est pas à la guerre, mais… C'est ceux qui n'ont pas le choix, faut y aller. Et on y va et on voit. »

Ces trois métiers du soin auxquels il faut ajouter tous les soignants occasionnels ou complémentaires, kinés, ostéopathes, pharmaciens, bénévoles, etc. n'en font qu'un si on les considère dans la dynamique d'un établissement de soins. C'est le métier de soigner, le soin comme métier ou le métier du soin. Ce métier générique comporte quelques particularités qui méritent l'attention. Sa première particularité est d'être, selon la formule de Freud, avec la politique et l'éducation, l'un des trois métiers impossibles. Le caractère impossible de ces trois métiers tient à ce que les cibles en sont hors de portée. Plus précisément, ils ne parviennent jamais aux résultats escomptés. C'est que le soin, tout comme la politique ou l'éducation, relève d'une ambition qui rend illusoire l'idée d'une réussite. Ce qui fait du métier de soigner un métier impossible est qu'il mise sur un futur imprévisible comme ceux d'éduquer une population (l'éducation) ou de la guider vers ses désirs collectifs (la politique). Je ne sais si la démonstration de l'auteur est pertinente, mais l'idée du soin comme un métier impossible est stimulante. Si le soin parvient souvent à éloigner une maladie repérée chez un patient, aussi savant soit-il, il ne parvient pas à éradiquer la maladie comme présence intime auprès des humains. Plus la médecine contemporaine hyperspécialisée se concentre sur la maladie, plus elle la fait exister. Autrement dit, mieux on soignerait les maladies, plus on rendrait les malades dépendants des soins prodigués et finalement vulnérables dans un face-à-face perdu d'avance.

Parce qu'ils traitent de la douleur, de la vie et de la mort, de l'inégalité des humains face à l'adversité, les métiers du soin demandent une solide vigilance. Cela n'implique pas l'infaillibilité des soignants. Cela suggère en revanche que toute situation invite chaque soignant à s'interroger sur les façons dont il est juste, correct, opportun, élégant, d'agir. À interroger l'exigence d'être à la hauteur du métier tel qu'il est exercé depuis le serment d'Hippocrate jusqu'à l'implication des soignants lors des épidémies de sida ou de Covid-19. À interroger l'équipe sur la façon dont le soin prodigué atteindra le malade, ses proches, le projet même de soigner. À s'interroger collectivement et de loin en loin sur le sens de ce qu'on fabrique dans une équipe de soins en regard de l'idée qu'on se fait de l'humanité et du vivant. Les métiers du soin sont, encore une fois, attachés à une forte exigence éthique.

Cette exigence est un guide redoutable. Car, de même que l'éducation ou la politique, le soin est un métier vocationnel. C'est le métier qui appelle les soignants, pas l'inverse. Face aux transformations ou à l'usure du métier, face à la fatigue, au doute ou à ses rudes conditions d'exercice, l'examen de conscience portant sur sa propre interprétation de la vocation est une discipline de base inépuisable et donc épuisante. C'est d'ailleurs un débat qui devrait être conduit en regard d'une conception énoncée, permanente et assumée du soin. C'est un peu ce que tente de faire la Maison.

Le principe du débat sur le soin est la collégialité. L'équipe en discussion qui assure la collégialité inclut le kinésithérapeute, la psychologue, les agents de service, les cuisiniers, l'ostéopathe, des artistes ou art-thérapeutes, des bénévoles et d'autres soignants dont les spécialistes. En matière de diagnostic, infirmières, aides-soignantes, bénévoles et autres soignants sont impliqués avec les médecins. En matière de prescription comme de suivi, les cuisiniers contribuent pour ce qui les concerne, de même que les bénévoles et les soignants. La Maison préfère une collégialité horizontale à une collégialité descendante. Les médecins sont ceux qui, parmi les professionnels du soin, prennent le risque de la mise en œuvre d'une collégialité disons semi-horizontale car, tout en intégrant à leur regard celui des autres acteurs du soin, ils répondent seuls de la prestation d'équipe. De même que chacun des professionnels, ils affirment beaucoup apprendre du collectif. La collégialité horizontale repose sur la reconnaissance de plusieurs façons de capter les évolutions du malade et de la maladie, puis de diverses façons de soigner. Elle demande d'échanger. Elle se cherche dans la façon de s'interpeller les uns les autres, de se connaître et de se faire confiance. Elle se construit lors des réunions professionnelles. Elle s'affine au cours des tête-à-tête entre soignants. La collégialité quasi horizontale est une façon de dire une hiérarchisation minimale de l'emboîtement des trois métiers ou plus. La limite de cette collégialité, dans la Maison de Gardanne, est l'autorité professionnelle, charismatique et historique du directeur. Vaille que vaille, ça fonctionne.

« Le temps est une denrée aussi respectueuse que possible des patients comme des professionnels, l'un des outils les plus précieux du métier de soigner, me dit une infirmière. On a vraiment le temps de faire les choses de près. Quand j'entre dans une chambre, si la personne a mal, je ne la laisse pas avec sa douleur. On essaie ce qui est prescrit et si ça ne va pas, il reste des ressources. On parle beaucoup de la douleur avec le médecin et avec le patient. Quand on connaît les gens, on sait ce qui leur permettra de faire face à la douleur. Quelquefois il vaut mieux passer par un anxiolytique. Antony (le médecin) passe un temps fou à bien les connaître. Ça permet de faire quelque chose de vraiment adapté. »

Le regard global sur une personne est un autre outil majeur du métier de soigner. La prise en compte de la globalité de la personne se dit dans une sorte de jouissance professionnelle. C'est que l'expression s'impose comme une évidence empirique. Une personne n'existe que dans sa globalité. Prise dans un de ses fragments, ce n'est plus une personne, c'est un membre ou une fonction. Les soignants de la Maison considèrent qu'ils sont là pour soigner des personnes, ils cherchent une harmonie de la personne. Ils y tiennent ferme. Globalité ne se dissout pas dans totalité. Personne ne peut appréhender la totalité d'un autre humain. Tout au plus peut-on dessiner à gros traits une hésitante cohérence pleine de contradictions, de béances, d'ambivalence et d'incertitudes. C'est cette essence subtile et changeante dont on va s'approcher. Mais l'idée de globalité propose davantage. Ses brillances et ses éclats, ses séductions et ses ombres sont un défi constant à l'intelligence, à la sensibilité et à la compétence. Ce qui met en mouvement les qualités des soignants est l'excitation de poursuivre un objectif dont images et histoires, formes et absences se recomposent au fur et à mesure de la progression d'une relation. Du point de vue du patient, la rencontre avec quelqu'un qui cherche en vous une personne globale est une joyeuse surprise qui tient de la reconnaissance. Il en retire l'impression bizarre d'exister enfin.

La prise en compte de la globalité du patient commence donc par sa contribution au soin. Un résident : « Avec Julie, la médecin, après en avoir discuté tous les deux, on a convenu de ce qu'on pourrait faire. J'avais mon mot à dire, je faisais des propositions. » La globalité de la personne se poursuit dans le temps. Le patient est entouré de près. Chez lui il est accompagné par un réseau départemental de soins palliatifs auquel appartient l'équipe mobile de l'établissement. Depuis chez lui, il peut aussi conserver le lien avec la Maison par une activité créative à l'accueil de jour. Sans oublier le maintien d'une relation souvent étroite entre un médecin de ville ou d'hôpital et celui de l'institution des soins palliatifs. Le patient est suivi pas à pas dans son histoire médicale, sociale, familiale, psychique.

Avant d'être patient, le malade est quelqu'un. Le quelqu'un change et bouge comme le monde change et bouge, mais on n'en lâche ni le fil d'existence ni le fil de soin. L'énoncé de ses multiples dimensions révèle un humain absolument singulier. Les échanges des réunions de transmission font surgir, à l'appel de chaque nom ou presque, des images, des événements, des paradoxes, des fulgurances qui sont autant de mouvements et de moments sur lesquels le soin va s'accrocher. Il s'agit de connaître la personne et de sentir ses transformations à travers des données nombreuses, éparses et fugitives. On y parvient parfois, cahin-caha. « Je ne sais pas si l'on peut dire que les gens changent après être arrivés ici », me signale ainsi, Émilie, médecin, rappelant que le temps de se connaître permet à peine de dessiner l'esquisse d'un profil. « Mais s'ils peuvent se réveiller, être plus à l'aise, ils nous laissent un peu entrevoir qui ils sont, même si ça les étonne eux aussi. Peut-être que quelque chose dépend également de l'accompagnement. Peut-être. »

Aux modalités de la collégialité, il convient d'en ajouter une dernière qui est signe de transformation des métiers du soin et source potentielle d'innovations. C'est la collégialité des savoirs et des pratiques en cours. Beaucoup de situations originales deviennent occasions de partage de savoirs, de sensibilités, de perceptions. L'apparition d'une nouvelle molécule donne au pharmacien l'opportunité d'expliquer à ceux qui peuvent la mettre en jeu en quoi celle-ci induit de la prudence, permet de la combinaison, autorise de l'expérimentation, provoque de l'excitation, engendre des résultats. La mise au point se fait à l'issue d'une transmission ou dans une salle de soins, l'auditoire n'en perd pas une seconde, les questions fusent. Si une infirmière qui a expérimenté un bolus se pose la question d'une variation de son usage, elle sollicite un médecin qui saisit l'idée ou la rejette après explication ; puis diffuse. Si une aide-soignante expérimente l'effet anxiolytique d'une attitude comme la présence en bord de lit ou celle d'une promesse de sortie à la plage, elle proposera à l'équipe de différer la prise chimique. Ce débat transprofessionnel donne la base et le rythme de la pratique de la Maison. Il est constant, vigilant, mémorisé, et aussi sensible.

L'art de prendre soin se compacte dans ce que les patients nomment des « attentions » et les professionnels des « petites choses » ou « petits gestes ». « On donne le maximum à ces patients », me confie une agente de service. « On va leur chercher un petit café ou une glace s'ils le demandent. On reste un peu à discuter avec et ça les remplit de joie. On peut aider les soignants à les tenir quand ils les massent. Ils nous sollicitent souvent, résidents comme soignants. Avant on passe par les soignants. On discute. C'est la papote. On papote de leur vie. Ils parlent souvent des époques d'avant. Je les écoute. Ils nous posent beaucoup de questions. » Souvent, les professionnels de passage proposent de petites choses insignifiantes et décisives aux résidents.

Jean-Luc qui est infirmier m'assure : « La matière première avec laquelle on travaille, c'est nous. Chacun de nous dispose de ce qu'il peut amener. C'est ça que l'on travaille. Ici, il n'y a pas de soignant modèle, nous sommes tous différents. Quand on entre dans une chambre, c'est nous la matière première de notre travail. La technicité, c'est important, mais c'est un acquis. Chacun travaille avec ce que la conduite de son for intérieur lui dicte et qui fait écho avec ce qui se dit et se fait dans l'établissement. Tous les soignants travaillent en proximité avec la mort, la détresse et la douleur. Souvent, l'objectif est de les repousser au plus loin. » Sur notre terrain d'observation, on soumet ces menaces comme les promesses du soin à la volonté exprimée et débattue, non du médecin seul, mais du patient et du collectif. On avance à pas prudents sur un fil tendu au-dessus de l'incertitude.

Les métiers du soin ne permettent guère de certitude. Le doute étant étendu, il convient de le traverser par un débat aussi libre et argumenté que possible. Ce qui oblige à questionner en continu les deux attitudes qui fondent la culture professionnelle de cet établissement, l'ambivalence et l'ajustement.

Elles ne sont pas commodes, ces deux attitudes. Quelles que soient les conquêtes et les victoires d'une efficacité fondée sur la mesure, la moyenne et la comparaison, quel que soit l'intérêt des procédures écrites pour que se rencontrent des acteurs du soin qui ne se connaissaient pas toujours jusqu'alors, un des caractères de ces métiers est d'être rétif aux systèmes fermés qu'on nomme protocoles. Un protocole médical est comme une boucherie végétarienne, ça ne tient pas debout. Les métiers médicaux sont toujours nourris par les incertitudes du débat et les approximations de la recherche de justesse du geste et de l'attitude. On peut justifier l'autorité des protocoles par des nécessités notamment économiques, on ne permettra jamais à ces nécessités de venir à bout de l'incertitude propre à l'art médical.

Tous les métiers reposent sur du collectif en mouvement. Ceux du soin un peu plus que d'autres pour des raisons qui le fondent. Dans les cultures dont on a quelques traces, à quelques variations près, la médecine a progressé sous l'effet de l'intelligence scientifique, de l'observation et de l'expérimentation. Elle a rarement été libre de pressions politiques ou religieuses. Je doute même que le rapport entre soin et argent ait jamais été impeccable. Récemment, la médecine s'est laissé pervertir par les balivernes du paiement à l'acte comme réponse à l'aveuglement antérieur de la dotation globale tout aussi inapproprié pour des motifs inverses. Mais les perversités de la rentabilité ont acquis un tel prestige dans le discours banal que, comme pour ce qui concerne la politique, il appartient à la médecine de se refonder selon ses valeurs propres au risque de disparaître comme art. Les logiques industrielle et financière n'ont aucun rapport avec celles de la médecine. Elles ne raisonnent pas sur les mêmes temporalités, ne travaillent pas sur les mêmes objets, ne considèrent pas le vivant et l'humanité de la même façon, ne disposent que de très peu de concepts en partage. S'il y a tension entre l'une et l'autre, la plus puissante s'imposera.

Ce sont autant de raisons de traiter le secteur médical de façon radicale, à la racine, en se fondant sur les usages de cet art qui se cherchent probablement depuis quelques millénaires et dans la plupart des cultures que l'on connaît. Il entre dans la pratique médicale une puissante part de rigueur scientifique, de recherche fondamentale et d'adaptation à la situation concrète. Mais il reste aussi un art fait d'expérimentation et d'observation, donc d'improvisation, d'intuition, de doute et de paradoxes. Comme tout art il se nourrit d'esthétique, d'éthique et d'incertitude. Ainsi les métiers du soin s'apparentent autant à ceux de la musique ou du théâtre qu'à ceux de l'ingénierie chimique ou de l'expérimentation biologique, de la curiosité scientifique ainsi qu'aux gestes qui les accompagnent.

Demander à mourir

> « Quand on a été heureux on peut supporter le désarroi »
>
> D. W. Winnicott

Mercredi, Jean-Jacques arrive. Sa femme a fait une demande d'admission, et une place s'est libérée très vite pour lui. Il y avait une urgence dans leur demande. Elle raconte leurs derniers jours chez eux. Dimanche, il a réuni ses enfants, jeunes adultes, pour une célébration d'adieu. Un cancer en stade terminal, plus de traitements, plus d'avenir disait-il, j'arrête maintenant.

Ils se sont parlé, ont passé la journée en douceur, puis les enfants sont repartis. Le projet était clair, mettre fin à ses jours dans la soirée en avalant sa dose de cachets, préparée dans un tiroir. Il s'apprêtait à faire le geste, mais là, il a peut-être marqué une légère hésitation, une lenteur soudaine. Sa femme a dit « attends ! ». S'est-elle effrayée au dernier moment de sa propre solitude ? Elle l'a convaincu de différer un peu et de tenter une admission en soins palliatifs, « là-bas, ils nous aideront ». Il a dit « d'accord ».

Dès son entrée et les jours suivants il a décliné pour tout le personnel sa demande d'assistance à mourir, maintenant, le plus vite possible. Il l'a réitéré à tous ses interlocuteurs de l'équipe soignante, mais dans le souci d'une entente mutuelle il a écouté le rythme de cette équipe, ce qu'on lui a dit du cadre éthique, il a acquiescé à la temporalité nécessaire. Il fallait pouvoir en reparler avec lui, évaluer ses symptômes, dialoguer encore.

Pour ménager sa compagne, il avait suspendu le geste qui aurait entraîné sa mort comme il l'avait prévue, chez lui. Son intention toutefois restait intacte, il demandait ce que nous pouvions faire pour lui et quand. Il évoquait la sédation profonde et continue jusqu'à la mort, à défaut d'une injection létale immédiate. Il écoutait les arguments de l'équipe médicale. Des symptômes aigus et réfractaires aux traitements habituels pourraient seuls justifier d'une telle décision. Il n'en présentait pas. Assuré qu'il ne serait pas laissé à des souffrances insupportables si elles arrivaient, cette réponse ne lui suffisait pas. Il attendait beaucoup. Il demandait davantage. Dix jours sont passés, durant lesquels il se maintenait dans un état stable, douleur soulagée, menus plaisirs accessibles. Souriant, il discutait avec des amis, partageait une proximité aimante avec sa compagne, autant de signes que nous comprenions comme une appétence à vivre encore, et non l'expression d'une détresse insupportable, physique ou psychique. « Mais si ! » disait-il, s'il pouvait rester souriant jusqu'à la fin, ça n'atténuait en rien cette urgence en lui, il fallait que tout s'arrête, au plus vite. C'était irrévocable.

Durant ces journées, il a voulu que nous l'entendions, au plus loin de ce que nous pouvions. Il s'est déployé dans un récit aux multiples anecdotes, celui de sa vie des vingt dernières années, pour dire celui qu'il était, un homme rayonnant au milieu de son cercle d'amis, dans une vie bien accomplie. Il racontait son histoire, sa vie comme il l'aimait. Les récits de vie taillent dans le désordre, le profus, l'aléatoire pour en extraire une suite cohérente, organisée, intelligible. En distinguer des étapes saillantes et bricoler autour. L'histoire peut être belle, terrible, banale, elle rétablit en tout cas une continuité, elle organise l'aléatoire. Les actions, les expériences, les pensées peuvent se dire et se transmettre, en partie. Il subsiste pourtant cette insaisissable vérité intime, jamais entièrement dévoilée. Les corps peuvent être scanérisés, radiographiés, explorés jusqu'à la moelle, on n'en saura pas plus. Jean-Jacques s'est raconté dans la conviction que son récit induisait une suite logique, celle qu'un terme soit mis à sa vie, toutes affaires conclues.

Mais dans les échappées, les ratés de la communication, quelque chose d'inédit se dit parfois, en douce, à la dérobade. S'il y a un entendeur, il pourra en recueillir distraitement les retombées. Pour lui, ce fut le fracas de son enfance qui remontait par fragments, les violences, le sentiment de n'être rien, les humiliations et puis la soumission désespérée, tout cela évoqué à peine, en passant, d'une voix mate, pour ne pas abîmer l'homme. Sa vie telle qu'il l'avait construite fut le fruit mûr d'une lutte acharnée pour se rescaper, jusqu'à ce qu'il connaisse sa valeur dans le regard des autres, enfin. Ces vingt dernières années furent celles de son déploiement. Un équilibre affectif, une place dans la société, des joies et des peines aussi, mais une bonne vie, disait-il, qui marquait sa victoire sur le passé. Il voulait préserver ce qu'il avait construit. Ce n'est pas qu'il désirait mourir debout absolument, dans une intégrité intouchée, une dignité érigée en posture. Il tâchait d'éviter le chaos, la désorganisation possible de son être. Ce qu'il redoutait, c'était un retour à la case départ, celle des violences et des déliaisons des premiers temps. Il espérait finir en « restant du côté de la beauté des choses », si chèrement conquise et quitter le monde sans risquer d'être dévasté à nouveau.

Le fléchissement de son état s'amorçait tout juste quand la sédation fut décidée. Des nouveaux symptômes apparaissant ou bien des effets de sa parole, ce qui a motivé la décision de sédation reste complexe. Tout s'est intriqué très rapidement, quasi simultanément. Une fois la sédation prévue, il a pris le temps d'une dernière soirée, un dernier verre de champagne, et levant son verre il a acquiescé à sa vie.

Toutes les histoires sont singulières, et livrées à la subjectivité de ceux qui les reçoivent. Nous les accueillons comme des fragments de vérité, assemblés, désassemblés, réassemblés en des figures diverses. Pour décider d'une sédation profonde, il faut s'appuyer sur la parole du patient, un constat clinique, des axes éthiques. C'est la raison du travail en équipe, des sociétés référentes, des réflexions et concertations fréquentes. Mais pouvoir réinterroger les principes structurels qui guident habituellement l'action est une nécessité. Ce que nous entendons de cette demande d'aide à mourir et l'effet que cela a sur nous reste difficile à cerner, et on ne peut pas toujours se rabattre sur l'absence ou la présence de signes cliniques comme seuls critères de décision. Jean-Jacques voulait mourir et ce n'était pas tout à fait l'heure. Il n'usait pas de l'argument d'une dignité qu'on aurait pu, tel un accessoire, lui ôter ou lui rendre. Plus que tout, il avait peur. Non pas de la douleur insupportable, pour cela il avait fait l'expérience des réponses thérapeutiques et d'une attention de tous les instants autour de lui. Ce qu'il craignait, c'était les vieux démons du début de sa vie, tapis dans l'ombre, et leur possible déchaînement. « Rester du côté de la beauté des choses. » Il s'agit, au-delà de leur poésie immédiate, d'entendre ce que les mots charrient de la substance d'un être. Ils n'ont pas les mêmes échos pour tous, ils sont chevillés à des sensibilités et liés à un certain rapport au monde. La sédation l'a emporté, et de son corps qui a commencé à céder ou d'une équipe qui a supporté de douter, nous ne connaîtrons pas tous les ressorts de cette évolution.

Des femmes et des hommes arrivent à la fin de leur vie avec des demandes de mort, radicales d'abord puis souvent évolutives, s'atténuant au jour le jour dans le soulagement qu'apportent des soins attentifs et le sentiment d'être reconnus, respectés, accompagnés dans l'épreuve. L'incommensurable besoin de se sentir aimé, et celui d'aimer tout autant font alors doucement pencher la balance du côté de la continuité de la vie, encore. « Quand on a été heureux, on peut supporter le désarroi », écrivait Winnicott. Une sorte de capital confiance en la vie, en quelque sorte, pour peu qu'elle ait été assez favorable.

Si elle a été fracassée, elle peut parfois être réparée. Il y a des réparations qui tiennent bon et des restaurations ultimes toujours possibles. Alors dans la tendresse des derniers soins l'inattendu arrive, l'étonnement d'être quelqu'un, de compter pour un autre, d'être accueilli enfin. Tout n'était donc pas perdu. Il devient possible de poursuivre encore un peu et de courir le risque de rester vivant jusqu'à la fin.

Mais, c'est l'histoire de Jean-Jacques, quand la demande d'aide à mourir se fait urgente, essentielle, en un ultime appel à l'autre, elle vient ébranler le cadre éthique, les recommandations, les lois, ainsi que les humains à qui elle s'adresse, soignants, médecins, et proches. Il n'existe pas de camp retranché, personne n'est totalement à l'abri derrière les lois quelles qu'elles soient. Et c'est chaque fois une histoire singulière, à entendre aussi loin que possible, en supportant l'incertitude, en interrogeant parfois les limites de la loi.

III
Ce qui advient dans l'entre-nous

La relation d'accompagnement déclenche des mouvements profonds qui affectent chacun des partenaires et bouleversent parfois les repères et les relations. Elle fait apparaître un désir d'être encore, induit l'ajustement au plus près des gestes et des mots, fait apparaître une ambivalence propre au vivant, révèle la cohabitation de désirs contraires, un chamboulement des repères, met à jour les effets de la rencontre. On évoquera ici aussi la rage, le télescopage de temporalités opposées, les puissants désirs d'ailleurs et, enfin, ce que provoque, à la fin, le visage de l'autre.

Le désir d'être encore

« Qu'est-ce que Je deviens ? »

Julia est dans sa chambre, assise bien droite dans son lit pour me recevoir. C'est notre première rencontre. Elle est épuisée, au bout de toutes les ressources de traitement. Elle connaît l'évolution de sa maladie. Après avoir longuement parlé avec les médecins, avec les soignants, et à l'écoute de tous les signes que son corps lui adresse ces derniers temps, elle dit « maintenant c'est fini ». En éveil, sans panique, les yeux brillant d'une fièvre mêlée d'émotion, elle se met à parler. « Je vais mourir bientôt, je le sens. »

C'est un vendredi, ses enfants, cinq et sept ans, viendront avec leur père le lendemain. Elle est encore plus faible que la semaine dernière. Tout entière occupée par la joie et le souci de leur visite, elle se demande comment leur parler, les préparer. Faut-il leur dire qu'elle va mourir ? Elle voudrait des mots qui ne font pas trop mal, des mots qui ne tuent pas. Elle connaît leur puissance. À chaque étape de sa maladie, à chaque annonce, elle a reçu des mots qui la sauvaient ou la jetaient à terre. Dur métier que celui d'annonceur, porteur d'un réel implacable. Ceux qui l'ont le mieux accompagnée se sont engagés dans leur parole, tout entiers avec elle dans le moment même de l'énonciation, attentifs aux effets de leur annonce. Comment le vivent-ils ensuite, ça, c'est une autre histoire, dont il faut bien qu'ils s'arrangent ailleurs. Représentants du réel et soutien pour le vivre, figures combinées du pire et du meilleur, quand ils supportent de tenir avec elle, de rester présents pour elle. Demain, c'est elle qui sera porteuse d'une vérité violente. Elle cherche comment abriter encore ses enfants dans sa parole, être pour eux et avec eux entièrement, y concentrer toutes ses forces. Elle s'inquiète du risque d'être submergée de chagrin, de s'effondrer au moment de les soutenir, « comment leur dire que c'est la dernière fois ? ». Tout simplement impensable.

Ensemble nous écartons les adieux manifestes et saturés d'émotions, ils seraient invivables pour de si jeunes enfants. En me parlant, elle rassemble l'amour pour chacun d'eux et recontacte son lien avec l'un, avec l'autre, leurs ambiances intimes, leurs styles singuliers. Lumineuse ou bouleversée selon que la pensée de leur gaieté la traverse, ou celle de l'épreuve qu'ils ont à vivre. Ensemble, nous recueillons les forces, la confiance dans les petits gestes et le ténu de la relation. C'est le subtil, l'en deçà des mots, là où se fonde l'amour entre eux. Poussières d'or au creux de la main, elle les en couvrira par le regard et les mots tendres. Elle est sûre de les aimer hors du temps. Elle leur dira peut-être, d'une manière ou d'une autre. Son sourire est aussi doux que l'est ce moment.

Quelques jours plus tard, elle a eu la force de se hisser jusqu'au fauteuil. C'est la fin d'après-midi, septembre entre par la baie vitrée de sa chambre. Le ciel est orangé, le soleil chauffe encore. Les yeux fermés, elle s'est orientée pour recevoir sa chaleur. D'un mouvement de tête, elle m'invite à m'asseoir près d'elle, me prend la main, murmure « ange gardien ». Je ferme aussi les yeux. Rester là dans le soleil. Quand il bascule derrière les arbres, d'un coup la lumière se tamise. Elle se lève et dit simplement « voilà c'est fini ». Elle va dormir.

Nous nous rencontrons une troisième fois. Petite silhouette en virgule dans le lit, c'est le début d'un effacement. Sur son visage la mort est proche, les yeux creusés, la bouche sèche. Sa transformation physique me retient un instant sur le seuil. Elle me fait signe d'approcher et de m'asseoir, du regard me signale un carnet et un stylo posés sur la table de nuit. Elle peine à articuler. Je redresse légèrement l'assise du lit, lui tend le carnet. « Et maintenant ? » souffle-t-elle, et elle dessine une croix : « Qu'est-ce que Je deviens ? » La question me saisit sans réponse, sans credo. C'est une question au bord du vide, elle appelle la nécessité que subsiste entre nous quelque chose à quoi se tenir. Comme sur les parois verticales des calanques quand elle grimpait, s'accrochant à des prises discrètes du bout des phalanges. Alors que tout s'éteint dans son corps qui n'en peut plus, son désir est une poussée qui cherche encore une réalisation, son désir est plus fort que la raison. Devenir, encore et à nouveau.

« Parle-moi, quand quelqu'un parle, il fait moins noir », disait dans la nuit un enfant à son père. C'est cette parole qui me soutient dans ma présence auprès de Julia. Être ce quelqu'un qui parle ou avec qui se taire, tout autant. Ne pas chercher à rassurer à tout prix. Pas de savoir à déclarer, pas de conseil à délivrer. Proposer une présence, engagée et rêveuse, rêver avec elle comme on pense, penser ensemble dans la nuit.

Je m'avance à pas de loup, je ne sais pas où je vais. J'essaie. A-t-elle déjà ressenti un élargissement de son être ? L'intensité de son regard à cet instant. Elle attend. A-t-elle vécu des expériences où son être semblait déborder son corps ? Elle attend encore. Dans l'amour ? Elle prend le temps de ressentir. Cherche en elle, fait signe des yeux que non. Dans la grande nature, face à l'ouverture d'un horizon, de l'océan ? Les mots semblent descendre en elle et tracer des chemins, elle avance avec eux. Par un battement prolongé des paupières, une inflexion du visage, elle acquiesce. Est-ce à mes propositions ou bien à mon engagement avec elle en terrain inconnu ?

Ensemble, nous cherchons l'accès à un présent d'éternité. Une folie en somme.

Romain Rolland évoquait avec Freud ce sentiment océanique qui fait passer les barrières du Moi, celles d'une identité construite et structurée, et amène à contacter un univers de sensations aux contours perméables. Soi et le monde s'y épousent en des noces multiples. Les traces peuvent rester vives, de ces instants vécus.

« Ce que Je deviens », c'est peut-être une façon pour Julia de nommer l'inconnu de soi, celui qui reste toujours à advenir. Dans son article sur « le travail de trépas », Michel De M'Uzan a décrit ce mouvement qui porte en avant. Si le mot « trépas » sonne dur à l'oreille, il ne clôt pas cependant car il s'agit ici d'un passage, d'un désir qui passe outre le corps. Quand c'est possible, quand les conditions sont réunies, on peut chercher à se remettre au monde avant de disparaître. Avec un autre, dans le mitan de la rencontre, se laisser apparaître, s'éprouver plus vivant encore, avant de disparaître pour de bon. Ce peut être bref, en un ultime élan, comme une flamme qui s'embrase, comme un brusque transport amoureux, et de soi tout se délivre alors. Ou bien ce peut être plus lent, en choisissant un autre face à soi, en s'inscrivant avec lui dans la relation, et de ressaisissements en ressaisissements par le biais de la parole et des effets de la rencontre, se laisser advenir, se laisser apparaître, si le temps est donné, si le temps est d'accord. Un ciel s'ouvre entre nous écrit Marie Balmary. C'est là où nous cherchons.

Et parfois, simplement, tout s'accomplit.

« Je n'avais jamais vu à quel point les arbres sont beaux, et le chant des oiseaux, merveilleux » me disait simplement un homme avant de mourir, fenêtres ouvertes. C'est aussi une façon de quitter le monde, en le laissant apparaître.

La justesse

Une aide-soignante me signale sa façon d'entrer en contact avec les résidents, de les aborder lors d'une première rencontre. « Déjà, chaque patient, on le connaît à travers ce que nous en ont dit les collègues. On commence à se faire une image dans nos têtes. Une fois dans la chambre, avec notre expérience, on arrive à savoir comment se placer. On ne se place pas dans la chambre de la même façon si le patient est debout ou s'il est au fond de son lit, le regard hagard et la bouche ouverte. Il suffit de se présenter et on sait comment se placer. Ça se fait tout seul. On peut aussi se tromper, on avait des a priori sur le patient et on s'aperçoit de son erreur, on apprend peu à peu à le connaître. » Son attitude exprime un souci pratique de justesse. Les expressions de justesse, d'ajustement, d'attitude juste sont fréquentes dans la Maison de Gardanne comme dans bien des discours pratiques de soignants. Cette notion jouit de la souplesse des attitudes implicites.

Toute thérapeutique ou même tout soin prétend à la justesse. Le premier souci du médecin comme du guérisseur, de l'aide-soignante ou du parent face à son enfant souffrant, est de comprendre ce qui se joue chez un malade afin d'y répondre aussi précisément que possible. Il peut arriver que, face au risque de l'erreur, à la difficulté de débattre du soin, au manque de temps pour interroger le patient ou à la fatigue de regarder, la tentation l'emporte d'esquiver les exigences de finesse de l'ajustement. D'autant qu'il arrive à la médecine moderne, qui prend à bras-le-corps la maladie, de négliger la complexité du malade, ce qui réduit l'espace d'ajustement. Il arrive enfin que les logiques de spécialisation prennent, à l'égard du regard global sur la personne, une distance qui écorche la justesse du regard et du geste.

Ce que tentent de mettre en œuvre les établissements de soins palliatifs, mais aussi la plupart des équipes hospitalières, est un guide argumenté de l'action qui demande une attention de tous les instants, une vigilance, une mesure précise. Pour autant, personne n'affirme détenir les clés de la juste attitude. Personne ne prétend à la vigilance adamantine. Chacun y tend vaille que vaille, mais sans aucune prétention ni vanité. Cette attention renvoie les acteurs du soin à la responsabilité intime de déceler la posture et la position la plus juste face à ceux qu'ils rencontrent dans les chambres et ailleurs. Les opérateurs de l'ajustement la mentionnent à l'occasion d'une situation, d'un patient, d'un doute ou du tâtonnement quotidien qui permet, précisément, de l'invoquer. À titre d'illustration, cet échange au sujet du diagnostic d'un patient en situation difficile :

« J'ai vu René. Il vient d'arriver. Il est atteint d'un cancer à la prostate qui se développe en métastases osseuses. Il est chrétien pratiquant. Il vient ici pour le traitement de la douleur. Il a 330 mg de St, 12 fois par jour. Ça m'a paru énorme. Il ne prend jamais la totalité.

— Il décrit ses douleurs comme des coups de poignards.

— … En plus des céphalées dues aux métastases sur l'os crânien.

— Il suit une hormonothérapie. Ça lui donne des bouffées de chaleur. Ça le fait hésiter à déjeuner. Il se déplace avec une canne.

— C'est un ancien gros fumeur. Il dort peu, s'endort très tard et se lève tôt. Il a peu mangé hier.

— J'ai vu qu'il attendait de la visite aujourd'hui. Son épouse. Il est ici pour un temps de répit.

— Pour la douleur, j'ai suivi les conseils de M.

— Il n'a pas eu de bolus ?

— Il faut le questionner. Je ne sais pas s'il gère sa douleur, s'il est dur au mal… Tout ça, il nous faut le savoir. Où était-il avant d'arriver à la Maison ?

— Il vivait à domicile. Sa première remarque a été de dire combien l'endroit lui semblait agréable. Son regard a fait le tour de la chambre. Puis il a dit : "Ici, même les coins sont propres." »

Dans ce dialogue entre un médecin, la coordinatrice, la psychologue, un infirmier et un aide-soignant, on voit s'ajuster en une poignée de secondes les éléments d'un diagnostic. Il s'ensuit des pistes d'interprétation par l'incorporation d'éléments d'information dans lesquels se mêlent des bribes de l'histoire du malade, l'évolution de son état de santé présent, un historique des traitements qu'il a reçus ailleurs, sa situation sociale, psychologique et familiale, les observations des soignants et ce qu'il exprime, lui, patient, ou ce qu'il a exprimé. À la fin de la discussion, chacun sait ce qu'il a à faire au sujet de ce résident pour les jours à venir. C'est la première fois que la réunion de transmission l'évoque. On en reparlera le lendemain et les jours qui suivront. Ce que nous rencontrons ici est moins une philosophie de la juste pratique, que la façon de la mettre en œuvre.

Le premier ajustement concerne la relation des soignants avec le patient. « Une de nos résidentes est arrivée la semaine dernière avec une pompe à morphine qu'elle utilisait à son initiative, me dit une aide-soignante. Ici nous évitons cette procédure car il nous importe de questionner la douleur tous les jours, collectivement, de façon à trouver un équilibre. Ça oblige les patients à nous appeler, de façon à ce qu'on adapte les posologies pour éviter qu'ils soient en surdose ou en sous-dose. C'est aussi ce qui maintient le lien du patient avec nous et assure sa contribution active. » La condition élémentaire de l'ajustement du soin à la personne est de connaître la personne que l'on prend en charge. « Or, me signale une médecin, il est possible que les gens changent très vite après être arrivés ici. Je ne sais pas, je ne suis pas sûre; parce qu'au fond, on ne les connaît pas. On n'a pas assez de recul. Certains laissent entrevoir un aspect de leur personnalité. Quelquefois, en revanche, on a l'impression d'être bloqués, de tourner en rond. » Le temps pour se connaître est si bref! C'est ce qui explique que le médecin passe des heures à parler de tout avec chaque patient et que les soignants s'interpellent constamment les uns les autres.

Dans les flottements de ce doute, la règle devient que l'accompagnement ajuste sa présence et son action au patient. « Nous tenons à assurer une grande flexibilité tout en restant rigoureux », me signale Marjorie, une infirmière devenue cadre. « Nous nous adaptons aux résidents. L'objectif général est que les équipes disposent du temps nécessaire pour s'adapter à chaque résident dans la spécificité de ses différences. Bien sûr, il y a des soins courants, mais nous tenons à maintenir de la souplesse et à assurer la singularité de la relation entre l'équipe soignante et le patient. »

La part des patients dans l'ajustement des soins. « Quand on connaît les gens, on sait ce qui leur permettra de faire face à leur douleur, m'assure une infirmière. Parfois, on les questionne là-dessus. Parce que souvent, quand ils arrivent ici, ils ont déjà parcouru un long chemin. On peut leur demander ce qui marche le mieux pour eux. Souvent ils savent. Ça permet de définir un soin vraiment adapté. Je prépare la perfusion pour mon patient. Avant de la lui poser, je lui demande s'il a mal. Si je vois qu'il a très mal et qu'un médicament est prescrit, mais qu'on pourrait inventer autre chose de plus adapté, je m'arrête devant le bureau du médecin et je lui demande. Il va voir le patient et m'explique que ce que je propose, pour telle ou telle raison, ça n'est pas possible. Ou, à l'inverse, il me suggère un changement qui répond à mon intuition. La douleur est évaluée tout au long de la journée. »

L'ajustement de l'offre gastronomique prolonge celui des soins médicaux. La cuisine est un lieu de repli hédoniste où les patients viennent aussi pour évacuer leurs inquiétudes. Ali, l'un des cuisiniers : « Je vais dans les chambres dès qu'on m'y invite. Si la personne ne veut ou ne peut pas manger, je ne vais pas la taquiner avec mes menus. Mais si elle m'invite, j'y vais et on discute. Je vois avec cette personne. Celles qui mangent "normalement" profiteront normalement de la cuisine. Parfois un soignant nous signale une difficulté chez un patient. J'en discute avec les uns et les autres, je pose le problème en réunion de transmission, j'en parle avec les autres cuisiniers. Nous savons faire des mixés précis, produire des textures adaptées à des pathologies compliquées, régaler un résident. Entre la gourmandise, le besoin de se nourrir sainement, les obstacles imposés par la maladie et la demande du patient, me dit encore ce cuisinier, c'est celle-ci que j'écoute en dernier ressort. Manger, quand on est malade, c'est un grand mot ! » Dans sa contribution au soin, la cuisine bénéficie de deux avantages. Le premier est de jouir de la complicité d'un plaisir vital autant que sensuel. Le second est d'arriver par surprise dans l'univers réputé austère de la médecine hospitalière. Il en est de même des massages.

Eugenio est l'un des kinésithérapeutes de la Maison. Il m'explique la variété de ses façons de faire. Il joue de ses mains, de ses paroles, de ses gestes, d'huiles, de déambulateurs, de béquilles, de fauteuils ou de coussins ; mais aussi des concepts qui superposent le soin et le bien-être immédiat, l'hygiène de la vie avec le soulagement de la douleur. Il tend à réconcilier le patient avec les petits traquenards comme avec les plaisirs légers de la quotidienneté. Il sait que l'échéance des effets de son art est imprécise. « Pour passer de la posture assise à la verticalité, précise-t-il, certains demandent quelques jours, d'autres plusieurs mois. Nous, on cherche à se fixer de petits points de façon à progresser de proche en proche. » L'ajustement de la prestation du kiné à l'équilibre du patient est le fruit d'une collaboration large. Entre les médicaments, la kiné, la nourriture et d'autres modalités, tout se tresse, l'improbable équilibre se travaille. « On va chercher un compromis, la personne aime bien les massages ? On va chercher pour elle un nouveau type de massage, on tente de mobiliser la jambe, de créer une détente, de jouer avec la chaleur. » De façon générale, on vise le moindre risque et la douleur moindre. On peut aménager la chambre, changer de lit, etc.

L'ajustement des soins est aussi la recherche d'un équilibre dans la diversité de ceux-ci. Outre les soins médicaux classiques, un grand nombre de modes de soins périphériques cohabitent dans la Maison, du shia-tsu à la psychomotricité, de la présence silencieuse aux huiles essentielles ou à la réflexologie plantaire, la sophrologie ou l'hypnose. Cela permet de bricoler l'ensemble des gestes et des produits qui visent au plus près ce dont souffre le patient. On me rapporte ainsi l'histoire de cet homme atteint de la maladie de Parkinson à un stade avancé. « Il tremblait comme une feuille, me rapporte une infirmière. C'est alors qu'est intervenu Michel qui sait l'usage des bols tibétains. » La pratique du bol tibétain a une dimension rituelle fondée sur les effets bénéfiques de la vibration qu'elle produit lorsqu'elle est correctement mise en œuvre. Le médical et le religieux étant volontiers associés l'un à l'autre en Orient, elle revendique aussi un effet thérapeutique. Toujours est-il qu'après une séance de bol tibétain avec Michel, le malade ne tremblait plus, pouvait s'asseoir sur une chaise sans bouger pendant des heures et en redemandait. On peut en dire autant des effets du travail qu'Aline, l'artiste peintre qui vient dans les chambres pour partager avec ceux des résidents qui le souhaitent, un moment de création artistique. « Après un travail avec Aline, me dit cette infirmière, il y a des gens qui n'auront plus besoin de traitement pendant plusieurs heures ou plus. »

L'ajustement du soignant lui-même. L'ajustement du soin va dans le même sens et s'appuie sur une distance émotionnelle réfléchie que les soignants sont invités à respecter avec les malades, leur souffrance et la dramatique de la mort. « À l'école, me dit une infirmière, on vous apprend qu'en arrivant au boulot, vous déposez vos problèmes au vestiaire. Et quand vous rentrez chez vous, vous posez vos problèmes de boulot au vestiaire pareil. » Les principes professionnels vont plus loin d'ailleurs, qui invitent les soignants à ne pas se laisser émouvoir outre mesure par la souffrance et les difficultés des patients. Face à la réalité du soin dans un centre de soins palliatifs, cette distance ne peut être ni constante ni entièrement maîtrisée. Chacune, chacun, évoque la distance qui lui permet, un jour donné, d'entrer en intimité avec les patients de sorte à les connaître tout en ménageant ses propres forces. Selon ce que j'entends, cette distance varie avec les moments que traverse le soignant lui-même, l'intensité de la maladie, l'humeur du patient dans l'instant, l'ambiance dans l'équipe. « La juste distance, c'est pas si simple, ajoute cette infirmière. Qui peut dire où il en est chaque jour ? Ça dépend de chacun et de ses limites. Nous sommes tous chamboulés par des prises en charge difficiles. De certaines, je me rappellerai toute ma vie. » Il convient pourtant de trouver, dans l'instant, la juste distance et même la juste posture.

« La justesse est une exigence difficile à satisfaire, me dit un médecin, car je peux, moi, avoir mes humeurs. J'ai une telle exigence sur les détails que j'en viens parfois à péter les plombs. C'est que dans cette Maison, les gens qui arrivent sont souvent au bout du rouleau. On ne les accompagne pas vers la mort, on les accompagne dans la vie jusqu'au bout, ce qui est plus compliqué. On soigne les gens comme on doit le faire. » Par exemple, faire le boulot implique parfois la sédation. Or trouver la juste parole, le moment précis, la bonne dose lorsqu'il s'agit de sédation, demande une extrême maîtrise de soi, une grande connaissance médicale, une amitié profonde pour la vie et un infini respect pour l'humain qui se trouve devant vous. Et, sans doute, d'avoir été collectivement vigilants jusqu'alors.

Pratique de l'ajustement, bricolage, tâtonnements, vigilance éthique. Une expression revient dans la bouche des personnels afin d'illustrer la justesse, c'est celle de « petits gestes ». Comme dans un tableau impressionniste, les petites touches de couleur délivrent une impression, ces petits gestes ajustés, répétés, associés, concourent à une atmosphère aussi proche que possible, dans un instant donné, d'un improbable équilibre. Une main posée sur l'épaule, le rideau tiré pour laisser passer la lumière, un bolus adapté en continu, une tablette nettoyée, le sourire du matin, un bain proposé, une visite annoncée, un pansement changé avec délicatesse, un sourire échangé. « Ainsi me raconte Domi, une ancienne infirmière, je me souviens d'un patient jeune qui était ici avec sa maman, dans un désespoir total. Il avait le sida. C'était avant la trithérapie. Dans ces moments, tu sais, on se sent impuissant à dire… Un jour je lui ai demandé ce qui lui ferait plaisir. Il m'a répondu : “Une tranche de cake.” Je descends à la cuisine. Il y avait justement du cake. Je remonte avec une tranche et une tisane. C'était juste un petit miracle. Des années plus tard, sa maman avec qui j'étais restée en contact me dit : “Tu sais, quand tu es revenue avec cette tranche de cake, tu peux pas savoir, on se serait crus au paradis”. »

Ajustement contre protocole. Exercer son art dans l'ajustement constant confronte au risque du métier. Le médecin, comme l'infirmière, l'aide-soignante ou l'ostéopathe travaillent sans filet. Une des fondatrices de la Maison me signale : « Les gens me rappellent au sujet d'une procédure : "Ah, mais c'est obligatoire, ça ?" Je réponds toujours : "Mais est-ce que ça a du sens ? Posez-vous la question." Parce que, si ça n'en a pas, on ne le fera pas juste parce que c'est obligatoire. » Ce que dit cette personne qui a appris le soin dans l'improvisation forcée de la pandémie du sida, c'est que celui-ci implique un face-à-face entre un patient et ceux qui le soignent. Dans ce face-à-face immédiat, il n'y a pas toujours de place pour les protocoles, les recours juridictionnels, l'ordre de ceci ou de cela, la direction de l'hôpital, l'argument de la radio ou de l'IRM. Le ou les soignants ne disposent à la limite que d'eux-mêmes et de leur équipe, leur histoire, leurs mains, leur savoir et leur amour du métier. Ils marchent sur la ligne de crête.

Une difficulté de rechercher la justesse tient à ce qu'elle passe par l'aveu d'une incertitude même passagère. On ne peut prétendre chercher la justesse sans adosser cette quête au flottement de l'incertitude. L'hésitation d'incertitude va à l'encontre du mythe désuet de solidité scientifique. L'incertitude satisfait pourtant l'exigence de doute qui talonne cette solidité en se posant au cœur du mouvement de la pratique scientifique. L'état d'incertitude est familier des collectifs de soignants comme des collectifs politiques, artistiques, sportifs ou scientifiques. Lorsqu'une équipe de soins se penche sur l'état d'un patient dans une situation compliquée, elle s'interroge sans réserve, prend de la distance avec le savoir, se découvre, admet le risque. Elle le fait sous l'autorité d'un médecin qui reste garant de la décision finale, mais il lui arrive de le faire. Lors de conversations avec les soignants, j'ai entendu que l'incertitude était de fait cultivée comme condition de la justesse du soin. Il me semble même avoir entendu que la médecine était, comme toute recherche, un art de et dans l'incertitude.

Justesse et incertitude. Lorsque Nietzsche écrit dans *Ecce Homo* (1888) que « ce n'est pas le doute, c'est la certitude qui rend fou », il part du constat d'une peur dont nous serions héritiers, une peur animale qui nous conduirait à accumuler le savoir. Et à remonter sans y prendre garde jusqu'à une certitude dont l'extrémité est la folie fondamentaliste. Nietzsche n'exclut pas d'attendre de la science qu'elle se passe de certitude, ce à quoi celle-ci se plie toujours de bonne grâce d'ailleurs. Toute certitude est provisoire, nous disent les gens de science, toute conquête du savoir acceptée « jusqu'à nouvel ordre ». Dans le confort de la pensée institutionnelle, l'incertitude comme condition d'un parcours vers la justesse du soin est une audace ordinaire rarement énoncée comme telle. Elle traverse pourtant bien des personnes, professionnels ou familiers, qui font face à des accompagnements tellement demandeurs de subtilité.

> « Ô Mazda Ahura,
> dis-moi quel est le meilleur chemin
> pour que je puisse
> dans le rayonnement de la Justesse
> et de la Pensée juste
> choisir la doctrine me guidant
> vers la sagesse et le bonheur le plus élevé,
> et que ce chemin
> grâce à une vision profonde et vaste
> me permette de comprendre
> les mystères et les événements
> qui surviennent dans la vie. »

La prière adressée au personnage d'Ahura Mazda, qui s'apparente aux divinités que nous connaissons, est une demande de clairvoyance pragmatique. Elle repose sur une insistance à viser au plus près de l'objectif fixé, à adapter son effort au bénéfice attendu, à faire coïncider les deux pièces d'un puzzle ou à trouver la bonne tonalité pour chanter. Elle est une condition pragmatique du succès, de la conduite adaptée, de l'obtention d'une estime attendue, d'un soin dont on attend qu'il soigne au mieux. Elle fait fi de toute mesure et s'invente en marchant.

Si l'on en croit les traductions des Gathas dont ces vers sont extraits et qui constituent la référence écrite de l'antique philosophie zoroastrienne, la justesse est une valeur de recours ainsi que le sont en Europe la tempérance et la liberté ou la non-violence et l'ordre du monde dans une tradition indienne. La quête de justesse est adossée à « une vision profonde et vaste. » Un humain qui s'adresse à Ahura Mazda cherche à ajuster réciproquement son regard sensible et son intelligence active afin de se guider. C'est de cela qu'il attend de comprendre « les mystères et les événements qui surviennent dans la vie ». On ne peut confondre la quête de justesse avec le parti pris d'un bien-agir érigé en principe universel. La justesse n'a de sens que dans un contexte qui est, pour sa part, changeant comme un ciel d'automne. La justesse est aussi bien juste attitude que pertinence adaptative des humains ou d'autres vivants à l'inattendu, au hors-piste, aux effets de l'impondérable. Ce qui est juste dans un contexte ne l'est pas dans un autre. On la traduit parfois par vérité pour rappeler, depuis ces fameuses Gathas, que cette vérité n'est pas l'envers du mensonge, mais de la démesure, du déplacé ou de l'inadéquat. C'est une vérité de situation, une vérité qui bouge comme bouge aussi l'équilibre du monde, l'équilibre social ou l'équilibre de la santé de chacun.

L'ambivalence

« L'homme veut être poisson et oiseau
le serpent voudrait avoir des ailes,
le chien est un lion désorienté,
l'ingénieur veut être poète,
la mouche travaille à devenir hirondelle,
le poète tente d'imiter la mouche,
mais le chat
veut être juste chat
et tout chat est chat
de la moustache à la queue,
du pressentiment à la vive souris,
depuis la nuit jusqu'à ses yeux d'or »

Le chat n'est pas ambivalent, assure Pablo Neruda dans ce poème de son recueil *Navegaciones y regresos*[1]. Le chat est tout d'une pièce. Il ne connaît pas l'hésitation entre ce qu'il est et ce qu'il pourrait être. Il avance dans la vie comme un chat, sans bruit, sans états d'âme. L'humain va à l'inverse. Ce dont il ne dispose pas, il le souhaite. Qui il est dans l'instant le lasse. Voudrait-il expérimenter ? Cherche-t-il un autre en lui-même ? Craint-il de n'être pas assez ou d'être trop ? Il n'est pas seulement versatile, l'humain, il ne sait pas toujours ni qui il est ni

1. *Navegaciones y regresos*, Barcelona, Bruguera, 1954.

qui il veut être. Il s'interroge ou se fait des nœuds dans la tête. Il est insatisfait, peut-être que ça l'aide à inventer toutes sortes d'idées d'autant plus fécondes qu'elles sont farfelues d'ailleurs. Les humains se sentent volontiers chez eux dans des images qui les déplacent.

C'est plutôt de cela qu'il s'agit dans les vers du poète. Le chat n'est pas content de son sort, il veut juste être chat, ça lui convient, n'en parlons plus. L'humain n'est pas comblé d'être humain. Il veut aussi être lion, aigle, ours, coq, loup. Il affiche ses fantasmes dans ses armoiries et sur ses billets de banque, il est une chose et l'autre, il se demande, s'explique, se reprend, repart à zéro. Il s'invente des totems, se met dans la peau du tigre ou dans les plumes de l'aigle. Il cherche son destin chez le chêne, le cobra, le saint, le vagabond, le maître ou l'ange. Il est ambivalent.

Une paresseuse éthique des pieds sur terre voudrait que chaque humain ne présente qu'une seule face. Une morale de la vérité, celle qui craint la traîtrise et vénère une introuvable transparence, dénonce ce que l'ambivalence véhicule d'incertitude. Elle en devient masque, tromperie, fourberie. Pis encore, dans *L'homme aux rats* daté de 1909, Sigmund Freud fait carrément de l'ambivalence une origine de la névrose obsessionnelle. Il réduit l'ambivalence à ce trait pourtant banal qui oppose dans le cœur de chacun, la haine et l'amour pour une même personne. L'inclination des morales binaires, bien contre mal, fait de l'ambivalence une duplicité. Ce simplisme rend aveugle. La réalité de situations extrêmes comme la guerre, l'imminence de la mort ou les grandes ruptures historiques obligent à considérer l'ambivalence comme une façon de se diriger lorsqu'il fait froid et noir et qu'on ne connaît pas la route. Lorsqu'on avance sur une ligne de crête, il n'existe qu'un guide de comportement, celui qui prescrit de ne pas chuter. Prendre en compte le vent, la pente, la fatigue, la solitude, l'imprévisible, l'ignorance et avancer sans tomber.

L'injonction aimable à être soi-même est pour les humains une ligne de conduite perverse. Car comment pourrait-on s'y soustraire tant elle se prétend bienveillante ? Mais comment, inversement, pourrait-on s'en acquitter lorsqu'au fond de soi on ne sait ni ce qu'elle implique ni qui on est justement. La question posée aux humains ne tient pas à ce qu'on les encourage à accepter leur sort d'humain. La question est qu'on admette que chacun puisse être une chose et son contraire en matières sexuelle, sociale, politique et aussi en ce qui concerne le goût de vivre. Ici nous allons voir comment l'approche de la fin du parcours fait surgir l'ambivalence des perceptions, des émotions et des situations. Et, dans la pratique, l'ambivalence de la demande du patient comme celle des gestes soignants qui lui répondent.

Dans l'accompagnement de la fin d'une existence, l'ambivalence apparaît d'abord chez les patients. Dans la façon dont telle patiente raconte son histoire, on voit survenir des désirs contraires. Ici, être bien soignée à la Maison, mais aussi voir ses enfants chez elle. « Moi, pour l'instant, je vais assez bien, je marche, je mange, je suis autonome. Parfois je pense que je devrais laisser ma place [dans l'institution de soins palliatifs]. Mais je m'accroche encore. Un petit peu. Je ne suis pas prête à quitter. Déjà, lors de mon séjour précédent, je suis partie trop tôt. C'est moi qui ai choisi à cause de mes enfants, ils me manquaient. Il fallait que je retrouve mes enfants et mon chez-moi. C'est pourquoi je risque de revenir. Il fallait que je garde le lien… Pour d'autres cancers, j'ai été larguée dans la nature. Je n'ai vu personne… et la petite bête, elle en a profité. » Chez cette patiente, la contradiction est regardée, considérée et risquée. Elle ne cherche pas à s'en échapper.

D'autres patients font un choix univoque. Dès lors qu'on lui en laisse la place, de même qu'il a une idée claire sur les soins qui marchent pour lui, Dom sait signaler son désir.

« Il y en a qui ne comprennent pas, assure-t-il. Moi, je dis : ma carte, c'est moi ! C'est mon corps, c'est moi qui décide, c'est mon choix ! » Tous les patients n'ont pas cette détermination. Certains tiennent des discours différents selon qu'ils parlent au médecin de la Maison, à celui de l'hôpital, à leur famille, l'aide-soignante ou d'autres encore. Il faut dire que les formidables turbulences auxquelles ils sont soumis font apparaître des points de vue et donc des discours différents.

Il arrive que des patients n'affichent qu'une part de leur tourment. « Des deux patients qui m'ont le plus marquée ici, la première s'appelait Céline, me raconte Capucine qui est psychologue. Je redoutais cette rencontre car je craignais de ne pas pouvoir lui apporter grand-chose. Finalement Céline est arrivée ici avec une demande d'euthanasie. Dans nos entretiens, elle parlait énormément. C'était théorique et très maîtrisé. Et puis, au cours d'un entretien, elle a fait une crise d'angoisse massive qui m'a obligée à appuyer sur la sonnette. Elle s'étouffait, elle manquait d'air. J'avais cru à une détresse respiratoire. Cette femme demandait à mourir depuis quinze jours. Le médecin arrive, lui parle, puis revient avec un carré de Lexomil sur un petit plateau. Céline a cru qu'on accédait enfin à sa demande. Elle m'a regardé avec ses grands yeux et elle m'a dit : “Non, pas maintenant”. » Le désir de vivre est tressé serré au désir de mourir.

C'est aussi le cas de Jean-Patrick. On remarque chez cet homme sincère une attitude qui interroge l'institution. Il s'agit quand même de choisir entre vivre et mourir. On pourrait suggérer que tous les humains sont habités par ce choix qui, pour la majorité d'entre eux, n'en est pas un vrai. Le choix apparent est porté ici par une histoire qui, pour banale qu'elle semble, est singulière. Après une existence de douleurs et de galères sordides, entre solitude et addictions, Jean-Patrick arrive à la Maison. Dans le sillage d'un désespoir qui lui indique ce lieu où il pense trouver une issue, il voudrait qu'on l'aide à mourir. On l'accueille. On le requinque, l'accompagne, le met en forme et finalement on lui restitue un goût de vivre. Jean-Patrick a retrouvé l'appétit d'exister sans pour autant abandonner la détermination à mourir. Il est dans l'ambivalence d'une fin de vie tiraillée à hue et à dia. L'histoire de Jean-Patrick est de celles qui n'ont pas d'issue, il le sait, n'en profite pas, se plie aux recommandations qu'on lui prodigue, jusqu'à partir pour un lieu où il pourra préparer puis, peut-être, exercer son impossible choix.

L'ambivalence du malade est aussi une question adressée aux soignants. C'est un casse-tête, d'ailleurs, tant la volonté du malade est soumise aux turbulences des douleurs et de l'inquiétude. Les enfants d'une patiente de l'unité 2 font ce constat. « Avec toute l'équipe médicale, dit son fils, aides-soignantes, infirmières, médecins, la psychologue, le fait que tout soit regroupé et que ça discute entre eux, ça a permis à notre mère de mieux avancer dans ses projets de vie. En fait ça veut dire qu'elle a senti tous ces gens vachement ouverts. Ouverts d'esprit sur beaucoup de sujets. » L'ouverture d'esprit est ici la disponibilité des soignants à prendre en compte la complexité de la volonté du patient, à envisager que celle-ci puisse se manifester par des points de vue divergents. La métaphore du chemin familière au parcours d'existence ne fonctionne plus. De nombreux chemins se dessinent au regard dans le même instant, se superposent, se croisent, divergent et convergent à nouveau. L'ambivalence habite ce paquet de possibles. Les vers d'Antonio Machado dans *Proverbios y cantares*[1] y insistent. Il n'existe pas de chemin tracé. Le chemin est ce dont on perçoit, après coup, une trace suggestive, possible, évanescente :

1. Antonio Machado, *Proverbios y cantares*, Solidados, 1903.

« Voyageur il n'y a pas de chemin
Le chemin on le fait en marchant
Voyageur il n'y a pas de chemin
À peine des sillages sur la mer. »

Entre autres sujets ambigus, les soignants de Gardanne insistent sur l'importance de la permanence du désir, cette tension du corps vers la vitalité, la volonté d'être dont la puissance est à la mesure de la permanence du vivant. On y assure même que l'important n'est pas que le désir trouve satisfaction mais juste qu'il se manifeste. Ainsi le dit Patricia qui est cuisinière : « Les gens s'imaginent qu'en fin de vie on ne peut pas avoir de fortes envies. Pour tout. Je parle de l'alimentation, mais les fortes envies se présentent pour tout. On a parfois de fausses idées sur la fin de la vie. On nous a caché beaucoup de choses. Le désir qui subsiste est de vivre le mieux possible jusqu'au bout ! » Une infirmière précise : « Il y a plein de désirs que nous ne percevons pas. Il arrive que le désir de l'autre nous échappe. Ou que le désir porte sur l'intime. Parfois aussi parce que le désir est fugace. Et puis nous ne pouvons pas répondre à tout. Heureusement d'ailleurs. Mais ce qui est intéressant et particulièrement important est d'être attentifs au désir qui vient de s'exprimer. » Le champ s'est ouvert en grand face à l'insaisissable désir du malade.

Que faire donc du désir repéré ? La réponse des soignants est prudente, mais constante. C'est le désir du patient qu'il faut privilégier : « On parle de ça avec les toubibs, dit une aide-soignante, et lors de réunions. Mais après, le patient, c'est lui qui décide. Même si le médecin trouve que le souhait du patient est compliqué à satisfaire, on met tout en place pour y aller jusqu'au bout. On considère que c'est lui qui sait ce qu'il peut supporter. On est à l'écoute de ça. »

« La priorité est la satisfaction du souhait du patient », reprend le kiné qui ajoute les moyens de ce projet en ce qui le concerne. Il stimule l'expression du désir chez le patient : « J'introduis la subjectivité du patient en lui faisant ressentir les effets de mon action, je pose des questions du genre, est-ce que vous sentez ma main ? Est-ce que vous sentez la température ? Vous sentez que le muscle est devenu plus souple ? Ah, c'est dur ici, ne vous inquiétez pas, on va bientôt l'adoucir. »

L'ambivalence des patients s'exaspère dans ce qu'on appelle de façon approximative le déni. « Quand on tombe malade, on sent une barrière se dresser entre soi et les amis », me dit une patiente qui vient pratiquer la peinture à l'accueil de jour. « C'est la peur qui distancie des amis lorsqu'on est malade. Ils n'osent pas demander si tout va bien. Ici, il est entendu que tout le monde est à la même enseigne. Je vais vous avouer une chose, c'est qu'à un moment, j'ai eu une réticence, j'ai fait un peu de déni de la maladie. » Mais, comme le suggère l'un des médecins de la Maison : « Le déni, ça n'existe pas, c'est presque psychiatrique quand un déni se manifeste. Moi je crois à la dénégation, parce que c'est difficile [de] parler [de sa propre mort]. » Il semble qu'il soit surtout difficile de penser tout au long de la journée au caractère mortel de sa maladie. Comme au caractère mortel de la vie, d'ailleurs. C'est bon, parlons d'autre chose. Le malade a aussi besoin de consacrer son énergie, son fragile capital de joie à d'autres sujets qu'à sa mort prochaine. Ce que certains nomment déni est un pas de côté, sans parole. L'ambivalence est dite en silence. Elle arrive, au cours d'une conversation, par la manifestation de deux attitudes qui semblent contradictoires. Ainsi cette patiente qui commence par me signaler qu'elle vient de recevoir de mauvaises nouvelles médicales. Puis qui ajoute quinze minutes plus tard : « Je préfère croire en ma bonne étoile. Je me dis que je ne vais pas tout recommencer, mais je vivrais bien à Bordeaux. C'est tellement beau, Bordeaux. Il y a des bancs partout. Il y a des bars à vin sur les places… »

S'il arrive à un patient de ruser avec la mort, nul n'ignore que les souffrances qui l'annoncent lui donnent parfois la figure d'un havre. C'est avec cette contradiction que jouent les soignants. Sofiane, médecin : « Certains patients, les jeunes entre trente et cinquante ans, en ont parfois ras le bol d'ici. Ils montrent un peu d'agressivité. Ils en ont marre d'être enfermés. On est en prison, on est enfermés, on est loin de la ville, on ne peut pas fumer du shit et on ne peut même pas en acheter [...]. De même qu'on écoute un patient douloureux, on peut écouter un patient qui dit vouloir sortir d'ici. Qu'il n'est pas en prison. » Un autre médecin, formé à l'expérience du sida signale les limites que cette épidémie a posées sur le libre cours offert à la vitalité du patient : « Quand tu as un traitement contre le VIH et qu'après tu fais un lymphome ou un cancer, il faut accompagner ça. Parce que les gens n'en peuvent plus, ils en ont marre aussi. » On perçoit parfois cette désespérance à des gestes, des signes, des paroles de patients. Tel cet homme qui avait accepté avec empressement mon invitation à parler de lui, un homme jeune, digne, curieux et séduisant. Atteint de la maladie de Charcot, il se sentait tellement humilié par certaines dépendances et à bout de forces par ailleurs : « Je n'en peux plus. Parce que parler me fatigue. De toute façon tout me fatigue. Lire, ça me fatigue. Parler me fatigue. C'est infernal, cette maladie. »

Une autre médecin relève que l'incertitude de situations fréquentes fait apparaître l'ambivalence dans la diversité des attitudes de soignants. « On travaille certainement sur la mort ici, me dit-elle. Mais nous avons tous nos représentations. Ça se voit dans les transmissions, dans les débats, dans les discussions sur une situation de résident. Et tant mieux qu'on n'ait pas tous le même avis. Mais ce n'est pas le problème. Nous sommes pris dans nos représentations. Nous avons reçu des valeurs éducatives différentes. Nos expériences sont différentes.

Du coup, ça se sent. La mort, on n'en parle pas. On la met loin. Mais, de toute façon, il ne faut pas se leurrer, on travaille avec la mort. Heureusement, avant la mort il y a de la vie. Mais la mort est là. » Entre l'inéluctable mort et la vie qui s'accroche apparaît un espace d'inconfort. C'est un espace rendu fécond par l'intranquillité qui l'habite. L'ambivalence du travail y invite à renouer de façon pragmatique avec le permanent déséquilibre de l'incertitude. Elle y est reconnue, l'ambivalence, acceptée, analysée et posée au cœur des soins palliatifs. Elle y est interrogée à chaque occasion, à jet continu.

« La confiance dans l'équipe est due en partie à ce que l'ambivalence y est assumée, ajoute un autre médecin. Avec des hauts et des bas, elle est travaillée. Il arrive qu'on ait des moments difficiles. Parfois je ne laisse pas passer certaines situations. Peut-être que je devrais laisser plus passer. Quand dans une unité ça grogne parce que j'y envoie un malade, je réponds que ça me confirme que je dois l'envoyer. Parce que c'est dans la contradiction qu'on est réactif et créatif. C'est là aussi que la réussite sera le mieux ressentie; et s'il y a échec, on travaillera ça. » Ces mots du directeur médecin situent l'ambivalence au cœur de la dynamique inventive du soin.

L'ambivalence est finalement partout dans les soins de fin de vie. Elle est chez les patients jusqu'à leurs désirs intimes, entre réflexe vital et envie d'en finir avec élégance. Elle se glisse chez les soignants entre l'inévitable attachement pour les malades et la retenue affective requise par prudence professionnelle. Entre les délicatesses du métier aussi et l'épuisante valse de la mort. Elle est dans les soins eux-mêmes entre le respect pour la volonté du patient et l'intuition prudente des soignants. Elle se niche chez les membres de la famille qui veulent qu'il vive aussi longtemps que possible mais sont las de l'indécision du destin. Finalement elle irrigue l'institution accompagnatrice qui l'assume et cherche à la mettre en œuvre au coup par coup, en regard des situations. Entre les hésitations du diagnostic, l'ampleur des façons d'y répondre et la volatilité des humeurs de maladies au long cours, l'ambivalence s'installe comme la mise en pratique d'une philosophie de l'incertitude.

La fin de vie révèle-t-elle donc une ambivalence d'ampleur plus dramatique encore, celle qui oppose le désir de vivre à la tentation de la mort ? Ou le désir de soigner à tout prix avec le penchant à ficher la paix au malade. L'opposition se manifeste chez des humains tendus entre ces deux états par l'embrouillement des derniers instants. Mais peu importe au fond. Qu'il s'agisse de Neruda, de Freud, ou d'un lieu de soins palliatifs, on saisit comme une évidence le balancement des humains entre deux postures antagonistes. Tout juste un peu tarabiscoté, le balancement, à peine absurde, assumant la distance d'avec le postulat de la rationalité des humains. La raison n'aide guère en l'occurrence, qui hésite entre laisser dormir le patient ou le réveiller alors qu'on ne sait plus ce que signifient dormir ou veiller dans une fin de vie brinquebalée.

Le mathématicien René Thom aborde dans *Paraboles et catastrophes*[1] l'incertitude résultant d'une tension à l'issue imprévisible. Il nous illustre la tension de l'ambivalence par le dilemme du chien partagé entre peur et colère. La tension résultant de ce dilemme engendrera soit l'attaque soit la fuite, issue totalement incertaine. Il appelle donc Héraclite à sa rescousse : « Il faut savoir que le conflit est universel, écrit Héraclite en réponse à Thom, que la justice est une lutte et que toutes choses s'engendrent selon la lutte et la nécessité. » Ce que Thom peut dire à ce stade est que la turbulence du milieu (le milieu chien attrapé par surprise en l'occurrence) multiplie les chances de bifurcation, de rupture dans le cours des choses. Nous sommes au cœur de notre humaine ambivalence. Nous

1. René Thom, *Paraboles et catastrophes*, Paris, Flammarion, 1987.

savons en particulier que, pour ce qui concerne le milieu fort turbulent de l'approche de la mort, vouloir à la fois une chose et son contraire fait partie, comme le dit Héraclite (VIe siècle av. J.-C.), du « conflit universel ». Et que c'est ainsi que « toute chose s'engendre ». L'ambivalence n'est pas un pis-aller, c'est la condition de la créativité vitale.

Cette affaire d'ambivalence est cependant plus pratique que théorique au cours de l'accompagnement d'une fin d'existence. Dès lors que nous avons repéré l'incertitude comme inspiration de la médecine, nous pouvons travailler sur son caractère fécond. L'ambivalence n'y est pas tant un présupposé philosophique sur la nature humaine qu'un principe méthodologique qui permet d'agir au plus juste dans des moments difficiles. Ainsi la Maison renvoie-t-elle les patients à eux-mêmes comme dans les cas de Jean-Patrick ou de Céline. Cette attitude donne au patient ambivalent une occasion de se regarder comme tel. Et d'ainsi se connaître mieux, s'associer d'autres regards de sorte à quitter le dialogue intérieur qui est déchirement de la conscience ou tirs au but aléatoire. En d'autres termes, le patient assume son ambivalence, croise celle-ci avec d'autres, pénètre lui-même dans le hasard, s'approprie son choix. Il se fabrique un peu entre vie et mort, entre désir et lassitude, entre peur fondamentale et joie immédiate. Il accueille le « conflit universel » dans son propre corps et réinvestit, par ce coup de dés répété, la communauté des vivants.

Désir et fatigue du désir
La vie dans les plis

C'est son homme, il vient tous les jours, chambre numéro 1, juste à gauche après la salle de soins. Là il y a Mylène. Assis dans le fauteuil ou peut-être sur le bord du lit, Jo, tourné vers elle, ne la quitte guère que pour aller travailler ou bien le soir pour repartir dormir chez eux. Il s'en éloigne et lui revient au gré des heures. Elle le rassure, il ne lui manque pas trop quand il s'en va et elle préfère être hospitalisée à présent. Trop d'angoisse ces derniers temps. Ici, quand ça ne va pas, elle sonne et quelqu'un arrive avec une proposition, une réponse. Sa capacité respiratoire diminue, elle doit être aidée par une assistance respiratoire la plupart du temps, il faut surveiller, faire des réglages, c'est l'affaire des techniciens spécialistes de ces appareils et c'est aussi celle des médecins. Rien n'est stable longtemps, son état est variable, un jour elle respire à peu près bien, le lendemain rien ne va plus. Quant au reste, son corps s'immobilise progressivement depuis bientôt deux ans, les muscles se figent. Maladie de Charcot, qu'elle a rebaptisée « charcotterie ». Quelquefois elle dit « ça » en jetant un coup d'œil circulaire sur ce corps qu'elle ne reconnaît plus comme sien. Elle raconte qu'il n'a pas été simple de la diagnostiquer, c'est une maladie protéiforme, les premiers signes peuvent évoquer diverses pathologies et ça a traîné un peu. Finalement le diagnostic est tombé et avec lui le pronostic pour la durée, ce temps estimé statistiquement, le reste à vivre. C'est une maladie neuro-dégénérative inguérissable, ils l'ont su dès le début. Elle est à peu près arrivée à la limite de la durée annoncée, ils estiment être proches du terme. En arrivant, ils ont dit : « C'est la fin », on leur a répondu : « On ne sait pas. » L'incertitude demeure, les écarts d'avec les pronostics annoncés sont courants, il y a peut-être du temps encore. On ne sait quelle puissance de vie est à l'œuvre ou quelle sinuosité de l'évolution pathologique, mais c'est ainsi. Mylène et son compagnon se sont regardés, déboutés de leurs prévisions. Ils n'ont pas su dire si c'était une bonne nouvelle.

Les appareillages viennent donc en soutien de sa respiration défaillante, la stabilisent et compensent ses déficits pour le moment. Au début de la maladie, à cette perspective elle avait dit non, pas question de rajouter du temps au temps, au prix d'une dépendance accrue. On laissera évoluer le cours des choses, on ne fera rien qui puisse rallonger la vie. Une adaptation progressive au fil des jours l'a conduite à revenir sur cette décision initiale, elle a finalement acquiescé à la proposition d'un appareillage quotidien. Elle s'y est faite. Dans les marges, elle trouve sa vie encore précieuse. Elle et son compagnon ont lu tout ce qui s'écrit, se débat, se partage au sujet de l'assistance à mourir. La Suisse et le suicide assisté, la Belgique et la loi sur l'euthanasie, pour les pays proches. Ils savent qu'en France la loi autorise l'arrêt des traitements qui maintiennent artificiellement en vie. C'est un soulagement net pour elle puisque c'est son cas et elle aborde le sujet régulièrement. Quand elle dira stop, elle n'aura pas à subir de résistances de la part de l'équipe, elle s'en est assurée en arrivant, il s'agira de débrancher les appareils et de poser une sédation. On lui a dit qu'il y aurait un délai pour évaluer avec elle cette décision sans retour et qu'en l'absence de symptômes aigus, rien ne se ferait dans l'urgence, quelques jours peuvent être nécessaires entre sa demande et l'arrêt des traitements. Il y a une procédure légale, et si c'est le cadre de la loi c'est d'abord une exigence éthique pour ceux qui la soignent ici.

En arrivant, elle disait : « Je suis dans un temps blanc. » Assignée à résidence dans son corps empêché, sa vie suspendue, le temps devenu étranger. Elle s'est adaptée, contre toute attente, à la dépendance, elle dit même qu'elle ne la hait plus. Elle se laisse faire, elle se laisse cueillir par les gestes de soin. « Le matin c'est insupportable, le cauchemar, c'est au réveil. » « Ce corps-là ». Parfois elle a rêvé qu'elle dansait, marchait, ou même qu'elle volait libre et légère. Et puis ce réveil, de plomb. « Ça recommence. Pas bouger. Alors ils arrivent, les soignants, et d'un geste à l'autre, je reprends forme. » Elle est sensible à la gentillesse de leurs gestes. Ils apportent une sorte de détente, même quand ils sont à la bourre, ils prennent le biais de la tendresse ou de l'humour. Certains font deux en un. Elle dit qu'ils ont chacun leur style, leurs qualités singulières, et qu'ils transportent avec eux une ambiance, un « je-ne-sais-quoi » qu'ils semblent avoir en commun. Un esprit des lieux, qui sait, qui voyage à travers eux. « Alors, ajoute-t-elle, dans l'après-midi, en général, je suis mieux et même ça va bien. Presque. »

Tant qu'elle peut, les amis, la musique, la conversation. « Ils m'ont bien eue, avec leurs attentions, ils m'ont eue. » Elle est revenue de son désespoir noir, il oscille à présent. Elle s'est arrimée à des petites choses du quotidien. La perspective d'une visite, celle de son homme, celle des amis, elle saisit les diversions, les distractions qui se présentent. Il y a les jours où elle veut vivre et les autres où elle ne veut plus, d'ailleurs ça ne se compte pas forcément en jours, ça peut être d'un moment à l'autre, vivre, mourir. Elle dit : « Quand ça ne sera plus supportable, il faudra tout arrêter. Et puis là, ça n'est plus supportable. Presque. » De désir de vivre en fatigue du désir, elle se rassemble, aime, s'intéresse, puis se fige et se retire au loin. Peu à peu elle se met à manquer. De tout. Tout lui fait défaut, le temps, les forces et lui, Jo, qui s'en va pour ailleurs, qui rentre chez eux sans elle. Elle lui en veut maintenant d'aller et venir librement, de vivre sa vie et même de vivre tout court. Elle a contre lui des colères qui la submergent, des mots blessants. Elle exulte alors d'une jouissance qui la brise. Au fond, elle n'est dupe de rien, elle ne croit pas au bon plaisir de Jo, elle redoute même pour lui sa solitude à venir. Lui, il n'en peut plus de cette attente, ce balancement entre l'angoisse de la perdre et le souhait que tout s'arrête. Ce qu'il voudrait, c'est que cesse la souffrance et si pour cela il faut qu'elle meure, alors qu'on en finisse. Elle lui en veut de ce qu'elle devine, il lui en veut de résister, ils ne se disent pas que des mots d'amour. Ils s'aiment comme ça, ils s'aiment quand même, d'un amour qui tient.

Ils en sont là. Il y a peut-être encore du temps si elle ne demande rien et que les choses évoluent à leur rythme, on ne sait pas exactement. Il interroge, en sortant de la chambre : « Combien, combien de temps ? » Il s'en veut de poser la question. On ne sait pas. « Ils ne savent pas », dit-il incrédule en secouant la tête.

En négociation lente avec elle-même et avec les autres, elle cherche ce qu'elle peut décider encore. Le seuil de l'insupportable n'est pas marqué au fer rouge, les fluctuations de son état et celles de son moral brouillent les limites qu'elle s'était fixées. Elle voudrait pouvoir dire « stop, on arrête tout, on débranche ». Mais à quel moment le demander, où est sa limite ? Au plus fort du désespoir, le seuil est franchi. Mais un presque rien la relève et le seuil recule. Ce qu'elle peut dire, c'est sa volonté qu'il n'y ait pas d'acharnement, ni de son côté à continuer à vivre, ni du leur à vouloir la maintenir coûte que coûte. Mais son désir qui la tient vivante encore reste pour elle l'inconnu majeur.

Elle a, un dimanche, une première détresse respiratoire, vite soulagée par une sédation temporaire. Elle s'endort et à son réveil demande si c'est le signal de la fin. Peut-être, on ne sait pas, c'est peut-être un épisode isolé. Mieux, sans être bien, elle reprend ardemment la conversation avec son homme, ils ont à se dire encore. Le surlendemain, une deuxième détresse, plus forte que la première et qui la met en souffrance, commande aussitôt la mise en place d'une sédation plus forte également. Le médecin parle avec elle, il est possible qu'elle ne se réveille pas cette fois-ci. Elle dit « oui merci », comme on dit adieu. Il faut faire vite. Alors qu'elle s'endort, Jo est là qui lui tient la main : « Tout va bien, tu peux partir si c'est bien pour toi, pars. Mais si tu veux rester encore, je prendrai ce que tu donnes. » La journée qui suit, alors que tous pensent qu'elle s'éloigne, elle lutte pour remonter, on voit ses sourcils se froncer légèrement, elle serre la main de Jo, c'est à peine perceptible, il croit à des influx nerveux comme un courant électrique fugace. Il pense halluciner quand les pressions se font plus régulières, plus appuyées, sa main à lui y répond « sans qu'il la commande vraiment », dira-t-il plus tard, tout se passe en circuit direct, rapide, leurs corps s'appellent, se rejoignent. Et il est heureux d'un bonheur inouï. Elle revient, remonte à la conscience, lui fait signe d'approcher encore, caresse ses cheveux, son visage, le regarde, le regarde, le regarde. Il y aura encore une longue journée, ponctuée de plongées dans un sommeil étrange, et une soirée côte à côte. La pose d'un appareillage plus invasif lui a pris tout le visage ce jour-là, elle respire à ce prix et ne peut plus parler, elle alterne de plus en plus les moments de conscience et les retraits. C'est dur. « Elle ne voulait pas ça, il faut arrêter », dit-il. Une sédation profonde et continue est nécessaire, la décision est prise avec elle mais il n'y a plus vraiment le choix. Trop de souffrance. Ça peut durer un jour, ou deux, on le lui dit, ça dépend, ce n'est pas immédiat, mais elle n'aura plus conscience. Elle a la force d'ouvrir encore les bras à qui elle aime, une longue étreinte, et le monde s'éloigne. Elle s'en va.

La perte et la normalité

Le médecin d'une des unités de soins de la Maison me signale dans notre première conversation que sa tournée de visites des résidents se fait « au fil de l'eau » : qu'il tient, chaque fois qu'il rencontre un nouveau résident, à faire sa connaissance en découvrant ce qu'il veut bien dire de sa maladie, mais aussi de lui. « J'ai besoin, dit-il, de comprendre qui ils sont et quelles peuvent être éventuellement les pertes dont ils souffrent. Parce qu'il y a ici des personnes qui sont symptomatiques. Mais parfois ils souffrent davantage de pertes qui n'ont rien à voir avec leur intégrité physique, mais de choses qu'ils n'arrivent plus à faire. J'ai l'exemple d'une résidente dont la plus grande tristesse est de ne plus pouvoir randonner avec son mari. » Ce faisant, ce médecin introduit une question qui concerne la plupart des humains à partir d'un âge précoce de leur vie, mais va gagnant en intensité. C'est qu'avec chaque jour qui passe, ils font face à un phénomène qui peut s'énoncer de maintes façons, mais peut aussi se rassembler en un seul sentiment, celui de la perte. Il y introduit, en regard de la douleur ou de l'angoisse, le sens d'une menace que prend la perte pour un humain en fin de sa vie.

Lors des réunions de transmission et de discussions avec les soignants, un marqueur fréquemment évoqué de l'évolution de la maladie est la perte d'autonomie. Derrière cette expression générique, s'agit-il de capacité de se mouvoir seul, de procéder sans aide à des activités élémentaires comme la toilette, la défécation ou le repas, s'agit-il de sa capacité de penser seul sa maladie ? S'agit-il de l'esprit d'initiative de la personne ou de sa prise en main comme auteur de son histoire ? J'imagine que la plupart des soignants qui parlent de l'autonomie du sujet se comprennent à demi-mot. De toute façon, les pertes dépassent de loin celle de la mobilité. Lors d'une transmission, on explore un désastre entre le constat général de la bonne autonomie antérieure d'une résidente identifiée et le décompte de tout ce que cette personne a perdu et continue de perdre depuis quelques jours. « Elle ne veut que dormir. Elle se lève et elle chute. Elle parle à plein de gens dans sa chambre. Elle ne sait plus sonner ni aller aux toilettes ; elle ne sait plus se déshabiller... » L'autonomie est envisagée comme un capital précieux et fragile dont l'altération est douloureuse. Sa perte signale alors une dégradation de fonctions vitales, le progrès de la maladie et l'approche de la mort. Ou d'ailleurs la lenteur de celle-ci à gagner la partie.

Dans le fil de conversations avec les soignants sur les résidents, on constate que les ultimes semaines de la vie de ces derniers incitent à une analyse des facultés perdues ou en cours de perdition. Le même toubib y tient car, dit-il, « la plus grande douleur est-elle due aux souffrances physiques [du patient] ? Ou aux pertes dont il est affecté du fait de sa maladie ? ». Par exemple, concernant un patient de cinquante-sept ans, affecté par un cancer, une bronchite et un VIH, un infirmier signale qu'« il renonce à se faire refaire sa prothèse dentaire. » Ce qui annonce qu'il va perdre en autonomie dans sa façon de s'alimenter. Mais qu'en revanche il assume de laisser derrière lui ce confort afin de gagner en affirmation de la qualité de sujet de son histoire. Il s'épargne cette lourde aventure dentaire afin de se réapproprier une part de son destin. Il a troqué sa prothèse contre la reprise en main de son parcours final.

Une perte est définitive : elle annonce une absence, une béance. On perd son emploi, on perd la confiance dans son partenaire, on perd son logement, on perd les neurones qui remplissaient leurs tâches mémorielles. Dans la langue courante imprégnée de notions psychanalytiques, on dit au sujet de la perte qu'on a fait (ou pas) son deuil de la chose perdue. Dans le processus d'une fin de vie, une perte fonctionnelle est une altération de la personne. Perdre son équanimité, perdre la vue, perdre la confiance dans son médecin, le sommeil, la mémoire immédiate, sont des amputations. On peut vivre avec des pertes. On ne peut pas y être indifférent ou les ignorer car elles affectent l'existence. Médecins, soignants de proximité, entourage familial, bénévoles et artistes de toutes sortes sont invités à faire face aux pertes liées à la progression de la maladie de chaque patient. Une perte se compense, se contourne ou demande à être acceptée telle quelle. Mais on ne revient pas dessus, on ne retrouve pas le collier perdu comme dans les contes. L'accompagnement des pertes demande une grande attention à ses manifestations comme à ses implications en cascade. Et le courage de le constater puis de dire ses effets de profondeur.

Personne ne découvre les pertes qui l'affectent à la fin de son existence. Elles sont des familières au long cours de l'insécurité propre à la vie, souvent des compagnes de temps anciens. Nous sommes faits de nos pertes autant que de nos conquêtes et de notre maîtrise sur le monde. Nous devenons, au fil du temps, ce qui reste de si nombreuses pertes subies. Comme les gueules cassées des années 1920 et 1930 qui clopinaient sur les trottoirs d'Europe la misère de tant de pertes silencieuses du corps, de l'âme, des amours et de la légèreté du vent dans la guerre, les fins de vie clopinent leurs pertes dans des silences de solitude.

Chacun sait l'effet de stupeur que produit la perte d'un objet insignifiant mais familier. Une partie de la douleur qui s'ensuit n'a rien à voir avec le désarroi pratique d'un défaut de confort. Un porte-monnaie perdu, un chapeau envolé, une reproduction disparue qui était épinglée au mur, un vieux vélo volé, emportent, avec leur perte accidentelle, une part de nous-mêmes, de notre intimité, de notre souvenir et de nos amours. Lorsqu'il s'agit de facultés importantes, de ce qui nous relie aux autres et à la vie même, comme l'appétit, l'insouciance, la confiance dans le cours des jours ou la vue, la perte interroge en chacun son humanité. Que reste-t-il de moi, bel animal chanceux qui riait dans son enfance de découvrir l'univers si surprenant et si vaste ? Or la réponse à l'angoisse qui en résulte est double. Nous savons qu'en dépit de pertes majeures, non seulement nous restons absolument des humains, mais que nous resterons aussi longtemps que nous vivrons, des vivants intégraux, des vivants entiers faute d'être toujours complets. Et nous découvrons que, lorsque ces pertes s'imposent dans un environnement qui les reconnaît et les admet, elles s'effacent en regard d'une normalité qui s'est elle-même déplacée. Ce n'est pas la perte qui s'efface, c'est ce qui faisait qu'on la nommait perte.

Il y a une trentaine d'années, la médecine américaine avait développé l'idée d'une normalité relative exprimée par l'acronyme WNL (*within normal limits*) qui veut dire en français « dans les limites de la normalité ». C'était déjà un pas de côté. Georges Canguilhem, vingt ans avant ce coup de pragmatisme américain, va plus loin en mettant en question l'idée même d'une normalité. Si cette idée est pertinente comme argument de débat, écrit-il en large, elle ne l'est pas au plan scientifique. Dans *Le normal et le pathologique*[1], il aborde l'idée de la perte et de la dégradation par la maladie. Mais il les situe dans un environnement qui relativise aussi la maladie. Ainsi, assure-t-il en substance, un astigmate ou un myope sera et se sentira

1. Georges Canguilhem, *Le normal et le pathologique*, Paris, PUF, 1966.

normal s'il est paysan; mais anormal s'il est engagé dans une carrière de marin ou d'aviateur. Dans le dernier chapitre du livre où il parle davantage en philosophe qu'en médecin, il écrit: « On peut vivre à la rigueur avec bien des malformations ou des affections, mais on ne peut rien faire de sa vie… » Dans l'expression « On peut vivre à la rigueur », comme dans cette autre expression « mais on ne peut rien faire de sa vie », nous ne retrouvons pas ce que tente la Maison de Gardanne, lieu de notre observation. Il se joue dans cet établissement l'idée impérieuse de quelque chose à faire de sa vie, justement, aussi brève et douloureuse soit-elle. Canguilhem ne se satisfait pas non plus, d'ailleurs, du « rien faire de sa vie »; car il poursuit sa pensée dans la même phrase sans attendre notre objection: « […] ou plutôt, on peut toujours en faire quelque chose [de sa vie], écrit-il, et c'est en ce sens que tout état de l'organisme, s'il est adaptation à des circonstances imposées, finit, tant qu'il est compatible avec la vie, par être au fond normal. » Ainsi a-t-il déplacé le principe du normal, ou plutôt d'une norme constante, d'une norme d'évidence.

Laissons provisoirement de côté le « tant qu'il est compatible avec la vie », qui est comme il a toujours été le souci des soignants. Dans un établissement de soins palliatifs, l'effacement de la catégorie normale se fait cependant de deux façons. La première consiste à dédramatiser l'idée même d'une normalité. Déjà, si l'appartenance de l'établissement que nous avons observé à la culture médicale n'est pas contestée, elle n'en rajoute ni en prestige social, ni en marqueurs symboliques, ni en autorité hiérarchique. La première remarque faite par les patients qui y arrivent, c'est: « Mais personne ne porte de blouse… ce sont de vrais médecins ? » Par ailleurs, la cuisine qui, partout en hôpital, est devenue une malbouffe plastifiée, est élevée en ce lieu au niveau d'un art genre patrimoine mondial de l'Unesco. De surcroît, la fameuse Maison non seulement fonctionne comme telle, un joli chez-soi, mais elle est lumineuse et accueillante. Les toubibs s'intéressent à la maladie, mais aussi aux patients et à leur existence sociale et affective. Le niveau d'exigence scientifique, technique et verbale vaut par ailleurs ce qui est mis en œuvre dans d'autres établissements hospitaliers. La norme médicale y jouit d'une grande autorité, mais cette autorité est relative.

Nous entrons donc, ici, dans une pratique médicale qui partage une norme physiologique et psychique avec d'autres aspects du destin des humains : la joie, la jouissance de la beauté du monde, les plaisirs de la nourriture et de la sensualité, la présence amicale ou familiale, la récupération d'une part de son autonomie dans le soin. Un corps altéré par les pertes de la maladie et parfois des soins s'éloigne d'une norme mesurée à des pertes physiologiques et psychiques pour en chercher une autre.

Un jour, tandis que j'entre dans la salle dédiée aux réunions de transmission, je tombe sur deux jeunes femmes aux longs cheveux frisés que j'avais aperçues la veille et déjà l'avant-veille. Je sais par une aide-soignante qu'elles rendent visite à leur mère. J'ignore le reste mais, dans un geste de sympathie porté par l'atmosphère, je leur demande des nouvelles de leur mère. Elles me répondent comme si nous étions des connaissances de longue date qu'elle dort pour le moment, qu'elle a beaucoup dormi aujourd'hui, qu'elle va bien… J'apprendrai au cours de la transmission que Fatima, la mère, est tout proche de la fin, mais qu'elle se sent effectivement chez elle dans la Maison. Ma question n'a fait qu'effleurer le déplacement de normalité. La réponse : « Elle va bien… » la confirme.

La seconde distance d'avec la normalité tient à la présence du monde du dehors dans le processus de soin. Je ne reviendrai pas sur cette dimension travaillée par ailleurs. Le décalage est ici symbolique, mais d'une symbolique qui irrigue la vie ordinaire. Nous sommes dans un lieu où la douleur et la mort sont partout. Tel jour un concert est donné dans le lieu de tous les croisements entre bureaux, cuisine et restaurant, patio, unités de soins et d'habitation, accueil artistique de jour des patients externes. Deux jeunes guitaristes accordent leurs instruments, se consultent du regard, se chuchotent en complices et entament un concert qui attire aussitôt soignants, patients, opérateurs de toute sorte, cuisiniers et visiteurs. Quelques auditeurs sont assis sur les marches, les autres restent debout, heureux de la musique, suivant le tempo du geste. D'ailleurs les voici, ces visiteurs : une famille de trois personnes traverse en file indienne la petite foule des auditeurs. Ils vont reconnaître un parent qui vient de mourir. Le concert continue. « Jamais je n'ai entendu parler d'un malentendu entre une famille en deuil et une prestation artistique dans la Maison », m'assure le toubib de l'unité. L'irruption du monde du dehors dans la vie de l'établissement de soins bouscule, déplace et finalement relativise ce qui y fait norme.

Reprenons Canguilhem là où nous l'avions quitté, sur le mot d'adaptation. « Ce qui rend normal un état de l'organisme, suggère-t-il, c'est-à-dire un état exempt de perte, est qu'il s'est adapté. » On peut indiquer ici une direction vers laquelle notre centre de soins tend à s'adapter à des personnes qui arrivent affectées d'un écart parfois important aux normes en vigueur ailleurs. Il s'agit non pas de faire supporter au patient les pertes qu'il a subies au nom d'une inépuisable résilience. On fera en sorte que patient et environnement s'adaptent l'un à l'autre. Que la perte s'efface comme douleur d'être à l'écart. Au bout du compte le patient ne sera pas d'aplomb, mais il ne vivra plus les altérations de son corps avec le sentiment d'une perte irréparable. Il acceptera l'irréparable et se fera une vie avec.

L'aboutissement ou le point de convergence de ce double parcours peut être illustré par la figure allégorique de l'âme dans sa version courante, laïcisée. L'âme appartient à une fiction narrative qui tente, sans jamais y parvenir, de rendre compte de ce qui existe au-delà de nos corps. Cette fiction habite et relie les corps que nous sommes sans qu'il soit besoin de passer par une divinité surplombante. Il existe une expression en français, et sans doute dans d'autres langues européennes, qui parle de perdre son âme. Ce qui permet de faire quelque chose de sa vie tandis qu'elle est privée d'une part des fonctions vitales qui nous permettaient le corps-à-corps avec elle, c'est que nous nous sentons humains et vivants. Que nous nous sentons reliés aux autres vivants par la conscience d'appartenir à une âme commune. Dans le mythe de Faust, ce dernier vend son âme pour l'amour de Marguerite. Il y perd son âme. La perte dont prendra conscience plus tard Faust est la douleur, faute d'âme, de ne plus faire partie du monde des humains. C'est ce que maintient ou tente de maintenir la Maison comme bien d'autres établissements de soins : la conscience d'être, en dépit de ses pertes, un humain total, un vivant sans restrictions, un mortel accomplissant justement, en ce jour, sa destinée de mortel.

Un aspect perceptible de ce travail d'intégrité forcément inachevé tient dans ce que l'établissement de soins palliatifs est tout entier, par ses activités connexes comme par sa prestation médicale, impliqué à faire émerger ce qui fait âme commune dans un contexte où tout est perdu fors la vie. Ce qui y fait normalité dans la pratique est l'attention portée à toute la personne : la personne comprenant son entourage, son histoire et son devenir, ses pertes et ses conquêtes, ses liens rompus et ses liens noués, ses souffrances et ses espoirs, ses chagrins et ses joies, sa peur et sa confiance. Et même sa disparition et son éternité si l'on revient à la fiction de l'âme. Ce qui réintroduit chaque patient criblé de pertes dans une normalité qui s'est déplacée est la contribution assurée par l'ensemble des partenaires internes et externes de l'endroit, à la pertinence des soins : la conduite d'une bataille perdue contre les maux qui rongent, mais aussi la gentillesse, le goût de vivre, l'aide dans les détails infimes de l'existence, l'émotion d'instants partagés, la prise en compte de toute douleur, la disposition au rire, l'irruption du monde dans chaque journée du patient. C'est finalement ainsi que s'accomplit l'accompagnement en dépit des pertes et des souffrances : par l'irruption du monde dans chaque instant du patient.

La rage

« Il tirait sur les oiseaux dans les arbres »
M. De M'Uzan

Jeff enrage de dézinguer le monde avant de le quitter. Il est odieux. Pas délirant, pas confus, seulement odieux. Il attaque au bazooka verbal, faute de mieux, qui sait, tous ceux qui entrent dans sa chambre, du feu dans son regard. Il ne veut rien, il exige tout. Être soigné, être guéri. Pas ce traitement, ni celui-là, ni un autre. Mais un meilleur que ces trois réunis. Tous ceux qui se présentent sont des intrus, médecins, soignants, psy et les autres, tous. La nourriture ne lui convient jamais. Rien ne sert à rien. Il ne supporte pas qu'on entre dans sa chambre. Il hurle si on ne vient pas.

Sa famille est embarrassée, le frère, la sœur, les parents. Ils demandent qu'on excuse ses outrances, ses injures. Eux, Jeff les supporte tout juste, il dévie sa colère sur les autres, sur nous qui sommes là. Il ne veut pas être ici, il ne veut pas partir non plus. Il ne supporte aucun lieu, aucune proposition. Impossible de restaurer quoi que ce soit, un dialogue, un début de relation. Les soins sont effectués, il en a besoin, calmer la douleur, refaire les pansements, poser les perfusions, évaluer. Il faut tout contractualiser et baliser pour que ce soit supportable de part et d'autre, pour lui et pour nous. Il y a des lois qui régulent les échanges humains quand rien ne va de soi, ici aussi il y a des limites à ne pas franchir même malade ou en fin de vie. On le lui dit.

Il ne nous nomme pas. Il nous désigne par nos fonctions, dans la détestation de ce que nous sommes : des individus qui croient toujours en leur avenir. « Jusqu'à nouvel ordre », nous rappelle-t-il en nous balayant du regard comme pour cibler une attaque. « Votre santé, c'est jusqu'à nouvel ordre. » Notre appartenance au grand corps des vivants est insupportable. Sa colère ne faiblit jamais, il vit en camp retranché, en rage d'être désarmé. Ce n'est pas pratique. Il faudra faire sans. Sans relation d'alliance, sans échanges autres que ceux-là, sans confiance mutuelle. Nous sommes au régime sec.

On se souvient d'une histoire, rapportée par Michel De M'Uzan[1], celle d'un homme qui, malade et se sachant proche de mourir, se postait à sa fenêtre et tirait méthodiquement sur les oiseaux dans les arbres. Un par un, il éliminait leur chant. Il les regardait choir, écoutait le bruit mat de leur corps sur le sol. À travers eux, il réglait son compte à la vie qui l'abandonnait. Il avait la haine lui aussi, celle du vivant dont il ne serait bientôt plus.

Des pensées s'agitent en nous aussi, équipe à l'épreuve du réel. Que cessent les attentes, que la vie décroche de tel ou tel, dans cette chambre ou une autre, quand nous ne comprenons plus le sens d'une vie qui n'en finit plus, quand tout alors semble insensé. Des pensées sauvages nous traversent. Des vœux de mort, parfois, en sourdine. Ce qui rescape de cette sauvagerie, c'est bien de pouvoir la reconnaître comme telle et ensuite de tenir bon ensemble. Elles ne tueront personne, ces pensées-là, elles passent et viennent se remailler avec des gestes de soutien, avec la sollicitude renouvelée qui fait notre métier. Nous sommes traversés par tant de climats, il est essentiel d'y

1. Michel De M'Uzan, *De l'art à la mort…*, *op. cit.*

faire face ensemble. De supporter les désillusions, les lassitudes liées au métier, les coups de boutoir du réel mais de pouvoir aussi se réillusionner à nouveau, autrement, d'une illusion créatrice qui ouvre d'autres possibles. On trouvera bien comment.

Les facéties du temps

C'est le rapport au temps qu'il reste à vivre qui définit les soins palliatifs. Le temps restant est déjà compliqué par le caractère imprévisible de ce reste-à-vivre prononcé, il nous déconcerte de surcroît en nous privant des repères pour y voir clair. Les segmentations, les dates et les récurrences rythmiques ne racontent pas le même temps à l'infirmière qui vous connaît bien, au spécialiste qui appelle au téléphone depuis l'hôpital et à la famille impatiente. Il est possible qu'en revanche, ce qui se passe à l'occasion de ces soins, dans un lieu qui se donne si fort à la vie tandis que la mort y est si présente, nous révèle un temps que nous sentons se dessiner dans l'attention aux autres. Les soins de la fin de vie se trouvent sur un bord du monde qui rappelle à l'étrangeté absolue du temps. La pratique médicale qui s'y déploie est tendue entre deux attitudes contradictoires : prendre son temps tandis qu'il n'y a pas une minute à perdre. Les deux pôles de cette tension énoncent non seulement une contradiction à tous égards, mais chacun de ces pôles est assorti d'une exigence totale. Un patient vient d'entrer. Il convient de le connaître vite afin de savoir qui il est pour le soigner au mieux. Il convient aussi de lui laisser poser son bagage en douceur et regarder sans hâte où il vient d'arriver.

L'attente, l'espoir, l'effroi, le désir s'exacerbent dans le lieu de soins qui se propose de répondre simultanément à des émotions contraires. Tel qu'il est vécu dans le cours d'un accompagnement de fin de vie, le temps nous renvoie à la trivialité des jours ordinaires, mais aussi au mystère qui résiste à l'ordinaire des jours au point de nous égarer dans le brouillard de rêveries métaphysiques. La trivialité de l'ordinaire tient à ce que le temps qui nous approche de la mort doit une part de sa renommée tragique à cette trajectoire inquiétante, le tic-tac des horloges impitoyables. Le mystère de la mort qui s'ensuit nous invite dans un terrain vague qui prive notre imaginaire d'un temps raisonnable. Cet imaginaire aveugle incite, à rebours des décomptes de l'urgence, à l'humilité nécessaire pour traverser un monde auquel nous ne comprenons pas grand-chose. L'urgence et la lenteur ne sont pas seulement des modalités combinables du cours de l'existence, ce sont aussi deux façons exclusives de faire face au monde.

L'urgence. Le rapport au temps qui s'impose au premier abord est celui de l'urgence. Les soins palliatifs ne sont pas des soins terminaux, mais on y flaire la fin du parcours. Il arrive que des patients, entre douleur et surprise, s'embrouillent sous l'effet d'une pression qui réclame tout à la fois. Telle cette résidente qui, soumise à des variations brutales de la douleur, semble égarée par une situation médicale sur laquelle le temps n'a pas de prise. Extrait d'un dialogue à son sujet lors d'une réunion de transmission (16 octobre 2020) où il n'est question que de temps et sous bien des formes :

« J'ai vu Isabelle. Elle a fait un repas agréable. Elle était posée, assez calme. Elle s'était même préparée, maquillée. On avait prévu une toilette balnéo. Cette nuit, elle a sonné plusieurs fois. Elle se plaignait d'un torticolis. Je lui ai donné du ***. Au matin son cou était bloqué vers le bas. Elle était devenue très agitée. Elle ne comprenait pas le passage d'une très belle journée (hier) à cette journée si difficile (aujourd'hui). Je lui ai fait un pack chaud. Je me suis raccroché à A. Puis à M. À partir de là elle a débordé. Elle se frappait le visage.

On a essayé de la calmer. M a proposé le Valium. Elle n'en a pas voulu. De toute façon, tout ce que nous lui proposions manquait d'instantanéité. Elle voulait une solution immédiate. E l'a massée longuement. Il a réussi à lui mettre la tête dans l'axe. Elle a dormi une demi-heure.

« Elle dit : "Vous ne faites rien, vous ne faites rien !" J'ai proposé Arnigel. On lui a mis une bouillotte.

— Elle n'a rien mangé. C'est compliqué pour elle. Toutes les réponses qu'on lui apporte n'ont pas l'effet qu'elle en attend.

— Elle nous en veut de ses difficultés.

— Elle évolue. C'est ça qui se passe. Elle a encore envie de dormir. Elle est très fatiguée. Je lui ai dit que je repasserais.

— Elle a adopté une position compliquée de la tête.

— Elle a trouvé que le massage d'E était trop rapide. Elle dit que ça ne tient pas.

— Elle ne veut pas gâcher le temps qui lui reste. »

Et Valérie, la coordinatrice, se demande à haute voix : « Qu'est-ce qui permet de dire ce qu'elle veut ? On ne peut jamais savoir où en est la confusion. »

D'une autre patiente, atteinte d'une tumeur cérébrale, on entend qu'elle est « en partance ». Les familles mettent des mots, disent les choses, évoquent la fin en termes communs qui rappellent à la même urgence. On parle « d'aggravation », de « dégradation » pour introduire des tonalités particulières. On évoque, comme pour telle patiente, encore « de bons petits moments clairs », et l'on ajoute qu'elle est « perdue dans le temps et dans l'espace » ; on s'interroge alors sur la suite à donner (ces « bons petits moments » valent-ils la peine ?). Et on prend le parti de soumettre la question à la famille. Ou « de poser [la malade] pour la nuit » et d'aviser ensuite. Une aide-soignante signale dans l'émotion d'un murmure combien cette patiente est jeune. Dès qu'on approche des situations vivantes, les nuances de l'urgence apparaissent là où s'entrechoquent l'humeur du patient, l'impression d'un soignant et les mesures médicales. Un malade peut manifester une impatience rageuse face à l'insoumission du temps, demandant alors : « Comment je pourrais mourir plus vite ? Là, c'est bon, j'ai dit au revoir à tout le monde. Alors, pourquoi elle vient pas me chercher ? »

La lenteur. Le temps long et lent est un rythme fétiche des soins de fin de vie. L'envers de l'urgence tient à ce que l'imprononçable fin de vie étire cette dernière vers la totalité de l'existence, voire à une existence intemporelle. Le seul temps qui existe est alors celui qui est perçu. Il se distend, se dissout, se compacte, revient vers ses sources. La fin induit un regard bouleversé sur la mémoire du chemin qui avale le présent et le soumet à des soubresauts indéchiffrables. Tel un promontoire instable, cette fin permet de prendre en perspective la fugace image d'un parcours entier.

Souvent les soignants mais aussi les bénévoles signalent que « dès qu'on pousse une porte, ici, on rencontre des trajectoires de vie ». Ce ne sont pas des malades dans leur vif aujourd'hui que l'on croise, encore moins des maladies ou des douleurs aiguës, mais de longues carrières humaines qui, comme toutes les carrières humaines, transportent leurs amours, leurs terreurs et arrivent bourrées d'épreuves, de doutes, de malentendus, de joies explosives et de douleurs insurmontées. Sans compter que ces carrières se déroulent sur plusieurs générations et qu'elles impliquent tous les vivants périphériques. C'est ça qui vous attend lorsque vous poussez la porte d'une chambre, l'existence chahutée par le retour au mythique chaos primordial d'avant les débuts du monde.

C'est un temps dépourvu d'aspérités qu'il s'agit de saisir à la volée afin d'apporter les réponses que demande l'instant bref du patient qui arrive. « Cette condition demande du temps », assure le médecin de l'unité 2. Évoquant sa manière d'entendre un patient, il précise : « Je m'assieds auprès de la personne.

Je discute avec elle. J'adore déraper sur des sujets qui n'ont rien à voir avec la problématique de leur hospitalisation. Et découvrir ce qu'ils faisaient avant de venir ici ou avant d'être à la retraite. Ce qu'ils font, ce qu'ils aiment, quels sont leurs passions, leurs loisirs, comment ils occupent leur temps libre. » Une infirmière de cette unité, Emma, développe la façon dont tous disposent, afin de bien connaître l'autre, de la lenteur du temps, de son indifférence aux segmentations, presque de son arrêt. C'est ce que Marjorie, la coordinatrice de l'unité 1 appelle « aller chercher l'essence des individus ». Qui ils sont au-delà des péripéties temporelles d'existence. La dimension indomptable du temps s'est alors invitée dans la pratique ordinaire des soins. Comme si le temps s'était affranchi des horloges

« Pour l'accompagnement de la douleur, dit cette infirmière de formation, on a vraiment le temps de voir les choses de près. » Elle précise que soignants et patients perçoivent de façon connivente le passage du temps. On entend souvent la requête de « considération pour le tempo de chacun ». En tout cas, les soignants sont attentifs à la façon dont les patients font face aux cahots du temps. Ils en parlent entre eux dans ces termes. « Par exemple, dit-elle à propos d'une patiente qui se faisait une fête de recevoir son fils le jour de son anniversaire, on s'est dit qu'on allait lui proposer un bain car nous savions la date d'anniversaire du fils. » Parfois le malade lui-même demande un peu de consolation et qu'on lui tienne la main. « S'il nous arrive de le faire, c'est parce que le patient en a besoin et parce que c'est notre travail de le faire. » Et elle insiste : « Ici, on peut prendre du temps pour quelqu'un qui a très envie de quelque chose. Ça nous offre de très bons moments. »

On dit parfois de ces gestes de soins qu'ils sont hors temps. Ils ne sont pas traités avec les repères convenus du décompte, de la rareté ou de la rapidité. On cesse de mesurer. Ce temps suspendu ouvre à des paradoxes inattendus.

Un infirmier remarque que, parfois, après une petite semaine, le patient lâche prise comme on dirait qu'il se rend. Cela surprend les familles qui sont étonnées de ce que leur proche renonce à se battre alors même qu'il se porte mieux. Il ne se rend cependant pas en vaincu de la maladie, mais en conquérant d'une étrange distanciation temporelle avec celle-ci. Marie qui est bénévole l'exprime d'une autre façon: « Quand les gens viennent ici, ils disent souvent qu'ils peuvent enfin se poser. » Ils peuvent oublier le poids de leur valise et la laisser fermée à leur côté.

Le temps de la fin est donc tendu entre l'urgence brûlante et la dilution dans l'indéfini. Dans cet espace, il faut agir. Or les rythmes de ce qui s'y passe ne sont jamais en phase. Les rythmes de la cuisine, des visites familiales, de la maîtrise de la douleur, du confort élémentaire, de la consolation, des pratiques artistiques et des concerts, les rythmes des sorties, des concertations avec l'hôpital, de la kiné, ces rythmes sont tous différents. Ils s'harmonisent rarement. La tension interne au temps se diffuse dès lors dans les relations entre acteurs professionnels, entre le dedans et le dehors de l'établissement, dans l'intimité de chacun. Les exigences de l'action ont du mal à trouver leur place entre le temps segmenté des plannings et la lenteur indécise.

Les rythmes contraires se superposent, se télescopent, se cognent: « La brièveté du temps qui reste à certains patients ajoute à l'intensité de ces moments », me rappelle une infirmière. « Il est arrivé que l'on fasse des mariages ici. Jean-Marc a marié, en tant qu'adjoint au maire, quelqu'un qui était en fin de vie. » Jean-Marc qui rappelle à tout bon entendeur qu'à l'époque du sida, « quand on te soignait et que tu vivais plus longtemps, c'était pour te permettre de mourir d'une autre maladie ». Alors ? Continuer, arrêter ? Comment les entendre ? Cette remarque ancrée dans une expérience éprouvée suggère que la seule façon de s'en tirer est de confier la négociation des temporalités à un bon sens empirique arrimé à la connaissance solide des enjeux de fin de la vie. Le principe élémentaire de la maîtrise de cette tension est de ne pas la faire subir au patient qui n'est pas là pour ça. Pour le reste, aucune priorité n'est affichée entre le médical, le familial, le vital désir, ou la demande du patient. L'harmonisation est livrée à la confiance dans la capacité des résidents et des soignants à négocier les décalages rythmiques. Il s'invente un ajustement des pratiques entre des cadences qui, pour être différentes, n'en procèdent pas moins de la nécessité d'accompagner au mieux chaque patient. Il arrive que la disparité rythmique provoque des situations qui échappent à la négociation. C'est le cas des situations dont on ne peut contenir la violence.

Dom est passé par des soins nombreux et lourds. Il se retrouve néanmoins dans la Maison comme en famille. Il aime la vie. Aujourd'hui, sans s'en plaindre, il en perçoit la fin. Il me reçoit dans sa chambre pour une conversation libre et plutôt gaie. La lumière pénètre par la large fenêtre qui donne sur le jardin de derrière. Une infirmière entre dans la chambre, nous salue et lui demande s'il est prêt. Dom répond que « oui, mais pas tout de suite ». L'infirmière discute un peu puis acquiesce au répit demandé. Dom m'explique qu'elle doit lui administrer un médicament « qui fait très mal. Ça n'entre pas assez dans la peau. Mais c'est pas comme la dialyse. C'est violent, les aiguilles de la dialyse ». L'effroi s'est glissé dans le ton de Dom. « Elles sont grosses, ces aiguilles. Je les appelle des picadors. J'ai décidé que si mon greffon ne tient pas, je ne veux plus être dialysé. [...] Donc je veux terminer ici. Je ne serai plus dialysé. Terminé ! Tout le monde le sait ici. Même quand je vais à l'hôpital. » Dom n'en peut plus des contradictions de la douleur et de l'urgence.

La tension portée au temps peut inversement ne déboucher sur rien, s'avérer stérile. Nous connaissons Jean-Patrick. Il est jeune et avenant, le sourire à fleur du regard, ouvert mais perplexe. Il m'a délivré les images de son rapport au temps. « Pour m'expliquer, me dit-il, je dirais que [je suis] comme une bougie qui s'éteint. Je dirais que, malgré le fait que j'apprécie beaucoup de choses, je suis une vieille âme. Je suis fatigué de vivre. Je ne partirai pas malheureux. Je partirai parce que… Je ne peux pas me forcer. Mais je n'ai pas envie que mon départ soit violent. Enfin, si ça pouvait s'arrêter maintenant, ce serait très bien. » Il craint depuis peu le passage du temps. Avant il allait dîner au restaurant de l'établissement. Maintenant il avoue avoir peur de ne pas y retrouver, d'un jour à l'autre, ses compagnons de repas. Le fourgon qui emporte les morts du jour l'angoisse. Il prend ses repas du soir dans sa chambre. Il lit, écoute de la musique, attend le repas, se laisse prendre en charge, sourit au jour qui se lève. Coup de fil. Jean-Patrick parle avec gentillesse à son interlocuteur à qui il demande, avec un semblant de fermeté dans la voix, de ne pas faire un tel bazar dans l'appartement qu'il lui a prêté. Il ne mentionne, ni où il est, ni quand il reviendra, ni ce qui l'attend, n'évoque aucune échéance. Ce coup de fil est ce qu'il a à faire dans l'unique échéance qui lui reste, l'instant. Son temps est balisé de prises de médicaments, de visites de soignants, de repas, de coups de fil à ses proches. Ce sont des choses à faire. Il assure n'avoir pas renoncé à s'éteindre comme une bougie, mais son présent l'occupe suffisamment pour qu'il s'épargne d'argumenter sur la flamme qu'il sent ou ne sent pas s'éteindre.

La relation entre les patients et leurs accompagnants de soins palliatifs raconte une histoire dans laquelle le temps est tendu à craquer entre l'urgence de vivre à plein bord et la mort inéluctable, Éros et Thanatos, la joie d'être et la peur de disparaître, l'attachement à la beauté du monde et le détachement de l'indéchiffrable. La relation au temps pratiquée dans l'extrémité de l'existence ne prétend à rien, mais cherche à agir et penser à la fois dans l'urgence extrême et dans une durée délivrée de mesure.

Cette pratique collective des paradoxes du temps échafaudée dans l'expérience s'adresse à tous les humains. Elle confronte les injonctions contradictoires d'une époque au bord d'une rupture rebondissant entre conflits de genre, conquêtes militaires, visites de virus intempestifs, fantasmes identitaires et la passagère indolence d'une amitié rieuse ou la surprise émerveillée d'un nouveau ciel étoilé qui ne cesse de venir et revenir indéfiniment, insensible au passage des ans. Ces rythmes contraires surgissent dans le même monde. Les partenaires de l'accompagnement qui les rassemble apprennent à jouer avec la simultanéité, les syncopes, les décalages, les retours en arrière et les effacements. Ils font au mieux. Nous en connaissons les paradoxes et les difficultés depuis l'enfance ou peut-être depuis une mémoire archaïque à fleur de conscience. Le caractère saugrenu des manifestations du temps est un aspect de notre condition.

Vis-à-vis

Une grande part du soin apporté aux patients par le personnel de la Maison de Gardanne passe par des conversations ouvertes. Conversations sur eux, patients, ou sur leur état, leur humeur, leurs désirs, mais aussi sur ce qui se passe pour l'un ou l'autre dans l'instant, ce qui se passe autour d'eux. Ces conversations peuvent être des échanges sans objet autre que le désir de se connaître réciproquement. Ils peuvent s'arrimer au contraire à un événement concret comme un saut de température, une inquiétude soudaine, une plaie dont on ne parvient pas à contraindre l'infection, un répit du corps, une visite prochaine. C'est un dialogue continu entre une équipe soignante et un patient.

Considérant l'accompagnement des personnes en soins palliatifs comme un dialogue, on est invité à s'interroger sur ce que veut dire dialogue. Le préfixe *dia* du dialogue nous vient du grec et signifie à la fois distinction, séparation et quelque chose comme à travers. C'est ce dernier sens qui s'impose dans le dialogue que nous considérons ici : ce qui va à travers, ce qui traverse. Le dialogue est ce qui permet de passer à travers quelque chose, ce quelque chose étant le fameux *logos*. Et le *logos*, donc ? On traduit souvent *logos* par la parole, le discours, l'énoncé, la relation mais aussi par le rapport ou la raison. Selon Kostas Axelos, qui y a consacré une bonne partie de sa vie de philosophe, ce qui importe dans le *logos* est le lien qu'il tisse entre la réalité et la façon de la dire. Le *logos* est ce qui unifie le monde par le sens. Le dialogue est ce qui permet d'élucider le monde.

Bien sûr, le dialogue reste l'échange bavardé entre deux ou plusieurs personnes, un moment de conversation dépourvu d'autre prétention que relationnelle. Mais, il est aussi la figure discursive qui rassemble ceux qui sont séparés par leurs postures respectives et ce qui unifie le discours avec le monde tel qu'il nous apparaît. Si nous restons à ce dialogue entre les résidents du centre de soins et ceux qui l'animent, toute relation, aussi anodine paraisse-t-elle, rassemble ces personnes tout en sondant le sens du monde. Le dialogue d'accompagnement des personnes dans les ultimes instants de leur existence est une exploration de l'unité ou de la cohérence du monde par la confrontation de deux postures. Même si l'on confère au dialogue une ampleur que la présence de la mort entre les murs d'un centre de soins palliatifs suffirait à justifier, ce dialogue n'est pas une affaire philosophique. Il peut emprunter le langage philosophique, comme il engage le langage scientifique de la médecine, le langage poétique qui s'adresse au tréfonds des humains, le langage sensuel du goût des bonnes choses ou le langage du désir qui s'en va et qui revient. Une des expressions du dialogue, qui cependant s'impose comme une évidence maintes fois constatée, est celle des regards. Ou peut-être, pourrait-on dire, le dialogue des visages. Là où, posés au bord du monde, le langage parlé des interlocuteurs se sent impuissant et le langage artistique un peu différé, il reste celui des regards, le vis-à-vis, le dialogue des visages.

Lors d'une conversation, une bénévole me raconte sa contribution au bain d'une patiente en toute fin de voyage. « Elle n'en avait que pour quelques heures, m'assure la bénévole, tout au plus un jour. » Malgré la difficulté que cela implique pour elle comme pour les soignants, la malade demande un bain.

Elle souffre beaucoup tandis qu'on la fait entrer dans l'eau et la bénévole lui propose de s'accrocher à son cou afin d'éviter toute secousse. À l'occasion d'un léger mouvement, la douleur semble forte, déclenchant chez l'aidante un désarroi aussitôt repéré par la patiente. Celle-ci s'adresse d'abord à sa bénévole par le regard. Sans rompre ce regard où s'attachent les deux femmes, la bientôt mourante lui glisse dans un souffle et avec un imperceptible sourire : « Ça ira ! » Lorsqu'elle me rapporte cette anecdote, la bénévole évoque avec émotion la puissance de la relation de visage à visage.

Marjorie qui est coordinatrice m'explique à sa façon cette relation en soulignant : « Ce qui se passe ici est très simple. J'avais été frappée d'avoir trouvé dans le livre d'or mis à la disposition des familles ou des visiteurs que l'un d'eux s'était dit particulièrement reconnaissant d'avoir trouvé dans la Maison une simplicité très profonde. Pour moi, ajoutait la coordinatrice, ça veut dire aller à l'essentiel. Ça veut dire, aller chercher l'essence des individus. Dans le soin, ce sont deux essences qui se rencontrent. L'essentiel de deux personnes. » Ce qui fait qu'elles sont. « Cette essence, elle est présente dans chaque instant du soin. On se rencontre sur cette scène-là. » Un des fondateurs de l'établissement, Jean-Louis, précise encore la nature de ce regard : « On n'est pas dans la compassion. C'est pas ce registre-là du tout. C'est la nécessité de regarder l'autre. Vraiment regarder l'autre. » Il nous faut nous arrêter un instant sur cette nécessité.

Quelques anecdotes entre malades et accompagnants font allusion aux échanges de regards, portant la relation entre les patients et ceux qui les accompagnent à une incandescence que ni la parole, ni même les gestes ne permettent d'atteindre. Il s'agit de relations de visage à visage, de ce qui va sans dire ni pouvoir être dit, d'un langage en regard duquel les mots semblent tellement pesants de leur tentation à l'explicite ou à la révélation du sens. C'est Lévinas qui nous met sur le chemin de ce langage dans un ouvrage dont le titre, *Totalité et infini*[1], indique qu'il s'est engagé sur un chemin de crête.

Lévinas n'est pas facile à suivre, mais il ne l'exige pas et de toute façon il n'est plus ici pour s'expliquer. Le contexte d'une fin de vie pétrie de douleurs et de doutes approche l'expérience de Lévinas qui est celle de l'exil et de la guerre. L'exil, il l'a choisi, pas la guerre : c'est elle qui l'a rattrapé. Bien que venu d'une famille juive, Emmanuel Lévinas passe la guerre de stalag en stalag, mais échappe à l'extermination et à Auschwitz qui emporte sa famille. C'est de l'expérience, différée pour lui, des camps de la mort qu'il retient la métaphore du visage et en fait une allégorie. Ce qu'il en tire, au prime abord, est le message de l'impossibilité de tuer, de porter la mort. « C'est le visage de l'autre qui interdit le meurtre, suggère-t-il. Le meurtre seul prétend à la négation totale », écrit-il encore. Puis il situe l'un par rapport à l'autre, visage et meurtre : « Cet infini, plus fort que le meurtre nous résiste déjà dans son visage, est son visage, est l'expression originelle, est le premier mot : tu ne tueras point ! ».

Il n'est pas question de meurtre dans un contexte de soins palliatifs, mais de l'inverse. Il s'agit de l'envers du meurtre pourrait-on dire, d'un projet savant de faire face à la mort, d'accompagner sur son chemin sans la subir. Cela est une façon d'énoncer ce qui se déploie dans la Maison. Le visage de l'autre parle de mort a contrario en la rapportant à la vie qui continue par ailleurs. « Le visage de l'autre dissuade du meurtre, reprend Lévinas, car il porte en lui l'infini : l'infini luit dans le visage d'autrui. » C'est la visibilité de la mort dans le visage de l'autre qui porte l'infini. À propos de la relation entre mort et visage,

1. Emmanuel Lévinas, *Totalité et infini*, La Haye, Martinus Nijhoff (éd. originale), 1971 ; Livre de Poche, (Biblio Essai), 1990.

Edmond Jabès écrit même dans son *Petit livre de la subversion hors de soupçon*[1] : « Toute pensée de la mort passe par la destruction du visage. On ne peut penser l'identité en dehors du néant. » Une des pires douleurs de malades devant la mort qui s'annonce tient à ce que son approche les a défigurés. Dans le contexte des soins palliatifs, le visage de l'autre est porteur de la relation indicible mais visible où vie et mort se rencontrent. La plupart des participants aux soins de la Maison disent que la présence de la mort est visible dans le regard des résidents qui s'en approchent.

Bien que cette idée soit familière à la culture philosophique de Lévinas, celui-ci n'invoque pas la loi pour rappeler à l'impensable de tuer. Il n'évoque pas l'interdit de tuer, mais l'impossibilité de tuer. Cette distinction prend du sens dans le cas de soins portant sur des personnes dont certaines sont criblées de douleurs ou de solitude. Le débat portant sur l'euthanasie invoque le droit qu'il tente d'infléchir ou de consolider tandis que l'émotion dont nous fait part Lévinas est de celles qui arrêtent le geste dans sa course, qui paralysent l'intention, qui replongent les humains dans le mystère de leur humanité. Pour poursuivre d'un pas le débat sur l'euthanasie sans prétendre y apporter de réponse, il arrive donc que le regard de l'autre demande la mort tout en empêchant le geste de tuer. Aucune loi d'où qu'elle vienne ne dispose du pouvoir d'empêcher de tuer. Le regard de l'autre le fait au risque de l'ambivalence. Il le fait depuis le dedans de chacun. Comme celle de Spinoza, l'éthique de Lévinas vient du dedans de soi, c'est une éthique de l'immanence, une éthique qui se passe de divinité. C'est là qu'a du sens le débat sur l'euthanasie. Dès le début de son texte Lévinas rappelle que visage comprend

1. Edmond Jabès, *Petit livre de la subversion hors de soupçon*, Paris, Gallimard, 1982.

le mot latin *vis* qui est regard, ce qui voit. Dans le face-à-face qui est ici vis-à-vis, le visage n'est pas seulement le regard de l'autre, c'est le regard de l'autre en train de regarder. Si l'on avance d'un pas supplémentaire, le regard de l'autre voit son interlocuteur, mais voit aussi le monde dans le reflet de sa pupille, il voit son interlocuteur dans le monde. Ainsi avons-nous affaire à un sens de voir qui dépasse la perception par la vue pour évoquer une pénétration intuitive des gens, du monde, de la vie et de tout ce qu'on peut y mettre. C'est un sens qui a fait jouer la poésie, la philosophie, le conte et a envahi la langue courante par des expressions aussi banales que « je vois ce que vous voulez dire, je n'avais pas vu venir le danger ou on y voyait clair dans son jeu, donner à voir, etc. ». En philosophie, c'est la connaissance intuitive dite du troisième genre chez Spinoza. C'est l'exploration par Wittgenstein du « point de vue » d'où chacun regarde. En pédagogie, c'est l'invitation à se débarrasser du fatras des savoirs inutiles avant d'aborder toute question, triviale ou savante. En poésie, c'est l'art de la métaphore qui fait émerger les fantasmes du poète dans le regard de son lecteur. C'est surtout le voir du vers de Rimbaud dans *Le bateau ivre* (1871) qui dit : « Et j'ai vu quelques fois ce que l'homme a cru voir ! » En deçà de sa dimension mystique, ce voir révèle une intuition profonde et terrible.

Dans le regard qui voit celui qui voit (à la fois l'autre et le monde) se construit une relation d'intimité, de confiance, une façon de reconnaissance qui précède la connaissance, une relation si étroite qu'elle contraint à une attitude de réciprocité qui fonde l'éthique. Elle fonde l'éthique, oblige à la responsabilité. Croiser le regard qui vous voit, qui voit en vous, qui vous voit tandis qu'il voit aussi le monde dans lequel vous vous débattez, croiser ce regard invite à se voir soi-même ; et à voir à son tour. Il ne s'agit pas d'un secret que détiendrait le philosophe, le poète, le sage ou le prophète. Voir est une évidence qui s'impose à celui qui veut avoir accès à l'essence des choses comme le dit notre amie coordinatrice.

Voir commence avec le grand ménage des préjugés de chacun, de ses attachements, de ses dettes et de ses compromissions. Voir repose sur l'oubli de tout ce qui s'est présenté comme des fondements éthiques ou politiques intangibles, c'est faire sauter les timidités, les inquiétudes de l'erreur, les idées des autres, les règles dites élémentaires, les petits arrangements avec les apparences du monde. Dans le regard de celui qui voit se trouve l'injonction à prendre en considération les beautés, les cruautés et l'absurdité du monde. Je ne suis pas sûr qu'il soit indispensable d'accompagner Lévinas dans son aventure sur le fil de la relation entre infini et totalité, mais cette échappée escarpée nous maintient dans sa brûlante exigence. Nous pouvons investir cette exigence par le regard porté sur des personnes en fin de vie imminente qui nous somment de ne jamais la lâcher, cette exigence. Les humains en fin de vie consciente voient quelque chose qu'ils nous proposent de partager si toutefois nous le voulons, c'est un regard adamantin sur ce qui nous entoure.

Le regard croisé du mourant et de ceux qui l'accompagnent n'est ni constant ni univoque. Il rend compte aussi d'une quotidienneté légère qui échappe pourtant à la banalité. Il surgit où on ne l'attendait pas. Dans *Une mort très douce*[1], narration de la mort de sa mère dont le titre manifeste la stupeur de Simone de Beauvoir face à l'énoncé médical, elle rapporte l'un et l'autre regard. D'abord le sien sur sa mère, en forme de surprise. Au début de son aventure médicale compliquée, elle est soudain frappée par l'image de sa mère envahie par la mort : « Pour la première fois j'apercevais en elle un cadavre

1. Simone de Beauvoir, *Une mort très douce*, Paris, Gallimard, 1964.

en sursis. » Puis elle capte chez elle un visage qu'elle ne lui connaissait pas : « Dans son visage desséché, ses yeux étaient devenus énormes ; elle les écarquillait, elle les immobilisait ; au prix d'un immense effort, elle s'arrachait à ses limbes pour remonter à la surface de ces lacs de lumière noire : elle s'y concentrait tout entière ; elle me dévisageait avec une fixité dramatique ; comme si elle venait d'inventer le regard. Je te vois ! » Il est malaisé d'interpréter de façon univoque la mise en mots de ce regard silencieux. À la lecture de ce qui le précède, on peut se demander s'il signifie : « Je vois en toi ! » ou : « Je te vois enfin ! » L'auteure s'est gardée d'interpréter.

Il ne faut pas imaginer que les soignants, artistes ou bénévoles d'une institution hospitalière attendent du regard des patients qu'il leur délivre une vérité secrète sur la vie, sa fin et la bonne conduite ; ou même une vérité si difficile à dire qu'elle attendrait pour ce faire la situation dramatique de la disparition en cours. De même, il serait maladroit de réduire le regard des professionnels de soins palliatifs à celui de la compassion, même dans son acception haute de partage de l'émotion. Dans le « Je te vois » que rapporte de Beauvoir, un réconfort est apporté à ceux qui restent. Cette réassurance semble dire : si je te vois ou si je vois en toi, tu n'es pas seule, de te voir nous délivre l'une et l'autre de mesure, de jugement, de morale rétrospective portant sur une existence encore soumise aux turbulences de l'action et au chahut du temps. Dans la dissymétrie des postures entre les deux femmes, le regard en profondeur voit ce qu'il peut du monde. Il jette un pont entre mort et vie, introduit à l'infini comme le suggère Lévinas. Il se passe de mots et, sans se réduire au silence, il y invite.

Les vacances

Pierre a peur. Pas de mourir dit-il mais peur de ce qui est en lui et qu'il pourrait ne pas savoir contenir, peur d'être agressif, violent, de ne plus avoir aucune maîtrise sur lui-même. Il a peur de ce qui peut se délier et passer hors contrôle. « Ça me terrifie. » Jusqu'au bout il nous accueille avec un sourire chaleureux, un plaisir évident dans l'échange, l'amitié dans le regard. Engagé depuis toujours dans les luttes sociales, il ne sait pas comment s'y prendre avec ce qui lui arrive aujourd'hui. La maladie évolue rapidement, il ne se fait aucune illusion sur l'avenir. Mais il craint « de ne pas y arriver. Je ne suis pas quelqu'un de l'intérieur, ça me fait peur, aide-moi ».

Des photos de ses voyages sont affichées sur les murs de sa chambre. C'est l'été. « Tout le monde part en vacances, moi aussi je dis que je suis en vacances. » On le veut avec lui, des vacances de maladie, une échappée belle.

La chanson d'Aznavour, celle qui emmène au bout de la terre, a été longtemps emblématique de cette équipe. Tous ceux qui le pouvaient s'en allaient, sacs au dos plutôt que valises à roulettes. Les dos étaient robustes et les voyages improvisés, pour embarquer les misères un peu plus loin. Un vrai levier de rêverie profonde cette chanson, et une incitation directe à aller voir ailleurs. Nous en avons usé tout notre saoul. Les uns les autres revenaient avec de petites reliques, des porte-bonheur divers, bracelets de ficelles colorées, statuettes de divinités multiples, gris-gris à l'intention de ceux qui restaient dans les chambres. Ainsi Thierry chambre 9 attendait pour mourir, ou bien était-ce pour être sauvé, un petit Ganesh que je lui avais promis.

La musique aussi emmène ailleurs. Avec Brel, Jean-Philippe à la chambre 11 se redresse, dans son lit bras ouverts pour « atteindre l'inaccessible étoile ». Noël qui ne parle guère déambule beaucoup. Il chante « J'ai oublié de vivre », Johnny est son interprète préféré. Yves à la chambre 7 n'y voyant plus, « aujourd'hui c'est encore plus noir que d'habitude », voulait Mozart pour vivre et pour mourir, le *Laudate Dominum.* Martha chambre 5 se shoote à *Summertime.* Agnès raconte son voyage en Albanie sur bande-son de Pink Martini, Mathias, ses virées en Inde, sur fond de Bob Dylan. Amir le musicien ne veut plus rien « que le silence ». Et Xavier écoute Bach, violoncelle seul.

Un jour, c'est l'été. Jacqueline, les filles de l'accueil de jour et les chers *bénéloves*, complices de toutes les échappées belles, installent une plage dans le patio, transats, ventilateurs, et cocktails de fruits. Musique maestro. On fait comme si, on joue à, on dirait que. Ce n'est pas vraiment l'Irlande et pas l'Inde non plus. Mais tous nos ailleurs se sont donné rendez-vous ici, dans les bambous qui se balancent, dans le chant de la petite fontaine, le soleil et l'ombre à travers les toiles. On est avec ceux qui veulent des vacances. Ceux d'aujourd'hui et ceux d'hier. À ceux-là on adresse un clin d'œil en différé. Il y a un temps qui ne passe pas.

Conclusion

L'accompagnement n'est pas une pratique nouvelle. Il est même possible que ce soit une des formes les plus anciennes du partage, de la sociabilité ou de l'hospitalité. Jadis assuré par les proches, les intimes, mais aussi les voisins et quelques allumés intempestifs, il s'était peut-être lassé. À moins qu'il ne se soit laissé distancier, dans ses versions spontanées, par les systèmes religieux en leurs débuts ou par l'État social maintenant. Il n'avait cependant jamais disparu du paysage et l'on pouvait en constater les effets en direction des handicapés divers, des enfants en danger, des migrants égarés, des malades bien sûr et de tous les différents. Dans l'opération d'accompagnement de la fin de vie tel que nous l'avons observé et vécu dans la Maison de Gardanne, on voit à l'œuvre l'État, le bénévolat associatif, le voisinage, la famille, le système médical bien sûr et d'autres acteurs selon les cas et les personnes. En se réveillant pour les malades au bout du voyage, la nouvelle génération d'accompagnement réinvente des émotions, des gestes, des mots, des habitudes qui font honneur à ceux qui les mettent en œuvre, à ceux qui les financent, qui les diffusent, qui les poursuivent et qui les contestent. Dans un univers politique que l'on dénonce souvent comme étriqué, égoïste et aveugle, c'est un joli jet de lumière.

L'accompagnement de la fin de parcours aurait pourtant pu en rester au statut de procédure médicale. Nous le concevons comme une modalité de l'altérité, une nouvelle façon de nommer la relation à l'autre qui s'est imposée dès lors que l'autre est sur le seuil de la mort. Cette façon d'être à l'autre est une façon d'être ensemble. Elle est dissymétrique et mouvante, révélant l'instabilité des figures de la relation. Elle atteste que cet autre est parfois dans le besoin sans être pour autant en demande, qu'il peut lui arriver d'être hospitalisé pour un répit, que le temps est bref qui nous impose d'agir, posant d'autres exigences. Ce rapport à l'autre né de la proximité de la fin n'est pas une alternative à la solidarité, il lui est complémentaire. Il est l'envers du *coaching* qui est une marchandise. Il prend le risque de se voir confondu avec la charité qui repose sur l'inégalité structurelle des humains entre eux. Il emprunte au *respect* depuis que la chanson d'Otis Redding dans *Otis Blue* (1965) reprise par Aretha Franklin (1967) a disséminé le caractère impérieux de la demande de considération tous azimuts. Ce rapport à l'autre sait mêler le politique, le scientifique et l'éthique. Il pourrait devenir la modalité de l'altérité qui correspond le mieux à ce que traversent les humains aujourd'hui.

Déjà, l'accompagnement est interpellé dans une fin de vie dont les habitudes et les règles ne sont pas encore installées. Actuellement la question se pose du suicide assisté médicalement et juridiquement, comme celle de l'euthanasie. Ces pratiques qui sont anciennes cherchent dans les remises à jour contemporaines de l'accompagnement une légitimité qui pourrait infléchir à la fois certains traits du métier médical et quelque chose comme le partage de l'énigme de la mort. Ce texte n'avait pas la prétention de trancher un débat en cours qui sollicite surtout l'implication des citoyens dans une procédure démocratique, mais il espère apporter au lecteur quelques éléments de ce débat, ceux qu'apporte une expérience solide et sincère de ce qui apparaît lors de la fin du parcours. Il ouvre aussi sur d'autres perspectives.

Ce que l'horizon profile depuis quelques décennies dans le sillage du bouleversement climatique, de la belligérance récurrente ou de la crise du vivant fait entrevoir une difficulté de l'espèce humaine à faire face aux bouleversements qu'elle engendre. Les projections savantes et l'intuition des populations dessinent un paysage susceptible de demander aux humains des qualités relationnelles entrevues lors des grandes pestes et des catastrophes guerrières. On peut même imaginer que les humains soient invités à inventer des pratiques d'accompagnement de grande échelle sur le mode de ce que l'on a pu observer à la toute petite échelle des soins palliatifs.

Si l'on se projette dans un avenir proche mais déjà engagé, on voit l'autre prendre des visages divers, celui de l'étranger que l'on peine à comprendre, celui du demandeur de refuge qui a tout perdu dans la guerre, la famine ou la torture, ainsi que les visages de la grande vulnérabilité qui convoquent notre sensibilité de vivants. Dans un souci de rigueur scientifique dont on connaît pourtant le caractère subtil et complexe, notre époque technophile nous propose des process et des méthodes. Notre observation suggère d'assortir cette exigence d'attitudes alliées de la rigueur scientifique : le principe d'incertitude, la recherche de justesse et le jeu avec l'ambivalence. En somme, un peu d'esprit.

Remerciements

Les fondateurs de la Maison de Gardanne (Jean-Marc La Piana, Jean-Louis Guigues et Chantal Bertheloot, ainsi que plusieurs autres), ses responsables passés et présents comme les personnels et bénévoles de la Maison ont accueilli activement notre projet d'écriture. Ils nous ont accordé beaucoup d'attention. Mireille Destandau avait bénéficié de la confiance du directeur de la Maison, partagée avec des équipes qui ont pensé et mis en œuvre l'accompagnement. Avec la même confiance, Marc Hatzfeld a pu observer et entendre les personnels, bénévoles et dirigeants de la même Maison lui parler de soins palliatifs, de fin de vie et d'accompagnement. Tous nous ont aidés à voir et à comprendre avec un esprit généreux, intelligent et curieux. Ce livre leur doit beaucoup. Nous les remercions vivement, chaleureusement, chacun et tous ensemble, en leur souhaitant que cette aventure continue de s'inventer dans la vivacité qui semble avoir toujours été son motif.

Marc Hatzfeld remercie particulièrement Jean-Marc, Jean-Louis, Chantal, Domi G., Valérie C., Valérie A., Marjorie, Helena, Manu, Nicolas, Emilie, Anthony, Sofiane, Julie, Morgane, Alexandra, Stéphane, Sabine, Sylvie, Marie B, Capucine, Vanessa R, Vanessa, Kate, Jean-Michel, David, Marie T., Ali, Gwen, Patricia, Nicolas, Nacera, Dehlia, Fonfon, Aline, Emma, Jacqueline, Michel, Jean-Luc, Dauphine, Sarah, Sylvie, Eugenio, Kate, Maryse, Virginie, Anaïs et tant d'autres soignants, administratifs et bénévoles rencontrés aux repas, au hasard, lors de réunions de transmission. Ainsi que tous les résidents et les visiteurs de la Maison qui ont accepté ou demandé à le rencontrer.

Bibliographie

Apollinaire Guillaume, *Le guetteur mélancolique*, Gallimard, 1952

Aragon Louis, *La rose et le réséda* dans *Œuvres poétiques complètes* tome 1, Paris, Gallimard, coll. « Bibliothèque de la Pléiade », 2007

Balmary Marie, *Le moine et la psychanalyste*, Paris, Albin Michel, 2005

Barthes Roland, *Journal de deuil*, Paris, Le Seuil, 2009

Bercot Emmanuelle, *De son vivant*, film, 2021

Char René, *Feuillets d'Hypnos*, Paris, Gallimard, 2007

De M'Uzan Michel, *Aux confins de l'identité*, Paris, Gallimard, 2005

De M'Uzan Michel, *De l'art à la mort*, Paris, Gallimard, 1983

Éluard Paul, Chagall Marc, *Le dur désir de durer*, Paris, Bordas, 1950

Forest Philippe, *Sarinagara*, Paris, Gallimard, 2004

Freud Sigmund, *L'inquiétante étrangeté*, Paris, Gallimard, 1933

Milner Marion, *Une vie à soi*, Paris, Gallimard, 1988

Mme de La Fayette, « la lettre de Chabannes », dans *La princesse Montpensier*, 1662

Pontalis J.-B., *Marée basse, marée haute*, Gallimard, 2013

Pontalis J.-B. *Perdre de vue*, Paris, Folio Essais, 1999

Tagore Rabindranath, *L'offrande lyrique*, Paris, Gallimard, 1912

Vermorel Madeleine, Vermorel Henri, *Sigmund Freud et Romain Rolland. Correspondance 1923-1936*, Paris, PUF, 1993

Veronesi Sandro, *Chaos calme*, Paris, Grasset, 2008
Winnicott D. W., *Conversations ordinaires*, Paris, Gallimard, 1988
Winnicott D. W., *Jeu et réalité*, Paris, Gallimard, 1986
Zarcate Catherine, *Les fils du vent*, CD chez Frémeaux et associés, 2002

D'autres références bibliographiques sont intégrées en notes de bas de page.

Table des matières

Pour limiter l'empreinte environnementale de leurs livres, les éditions de l'Aube font le choix de papiers issus de forêts durablement gérées et de sources contrôlées.

Achevé d'imprimer en avril 2023
sur les presses de l'imprimerie Firmin-Didot
pour le compte des éditions de l'Aube
331, rue Amédée-Giniès, F-84240 La Tour-d'Aigues

Numéro d'édition : 5473
Dépôt légal : mai 2023
Numéro d'impression : 174489

Imprimé en France